日本人の誠実さ、やさしさ、美しさをあらためて見直してみませんか

日本人の美しい和のふるまい

藤野 紘
Hiroshi Fujino

KAWADE
夢新書

河出書房新社

「和のふるまい」を見直せば もっと心豊かに生きられる◉はじめに

いま、「和」というキーワードが、さまざまな場面で取り上げられ、多くの人々の注目を集めています。和服を着たり、和食を味わったり、私たちは日常的に「和モノ」に触れていますが、それとは違った意味で、自らのふだんの「ふるまい」を見直し、改めて正しい所作を身につけたいという人が増えています。

その背景には、巷間《こうかん》いわれるマナーの乱れや、なんとなくギスギスした世の中への反省があるのかもしれません。自分の行動に自信をもてず、伝統的な美しい作法に〝日本人が忘れかけている大切な何か〟を求めているのではないかとも感じるのです。

日本人の、何気ないしぐさや作法、習俗《しゅうぞく》、年中行事など、さまざまな行動には意味があり、先人たちはそれを後世へと大切に伝えてきました。そのふるまいには、日本人ならではの精神や思想、願いが込められていたからです。

たとえば、「おはようございます」や「こんにちは」といった挨拶には、たったひと言のなかに相手を思いやり、祝福する意味がふくまれています。また、人づき合いの常識とされている「上座《かみざ》・下座《しもざ》」にも、年長の人を敬い、大事にする気持ちが秘められています。

さらには、人間が生まれてから亡くなるまでの人生の節目に行なわれる、さまざまなイベントや、当たり前のように行なっているお正月、お盆、大晦日《おおみそか》といった年中行事にも、家の繁栄を願う思いや、先祖への敬意が込められているのです。

このように、「和のふるまい」には、人との縁を大切にし、神や先祖の前に自分を律し、自然と上手に共存してきた日本人の心が息づいています。そしてそこにはまた、現代を生きる私たちが知っておくべき、先人による興味深い「教え」や「知恵」があります。

本書はそんな「ふるまい」の数々を具体的に紹介し、そこに込められている正しい作法と知識を、わかりやすく説明しました。「どのようにふるまうか」だけでなく、そのふるまいに隠された思いを知ったうえで、ふだんの暮らしに取り入れることができれば、他者との関係はさらに円滑《えんかつ》になり、人生もきっとより豊かなものになるでしょう。

「和のこころ」を再確認することで、日本人のよさ、やさしさ、美しさを見直すことができ、自らに誇りをもつことができるはずです。

藤野　紘

日本人の美しい和のふるまい◉もくじ

一章 人を思いやり、気づかう心から生まれるふるまい

二章 感謝を忘れず、和を楽しむ心から生まれるふるまい

三章 伝統を愛し、礼を重んじる心から生まれるふるまい

四章 先祖をうやまい、命を見つめる心から生まれるふるまい

五章 自然と調和し、生を大切にする心から生まれるふるまい

カバーイラスト◉石丸千里
本文イラスト◉ウノ・カマキリ

一章

人を思いやり、気づかう心から生まれるふるまい

言葉を必要としない洗練された「思いやり」◉傘かしげ

古来、日本人は他者への心配りを大切にし、無用な対立を避ける術《すべ》を美しいふるまいとして昇華《しょうか》させてきました。「あなたのことを尊重します」「あなたに敵意はありません」などと、はっきり言葉にあらわさずとも、態度や動作によってさりげなく気持ちを伝え合い、了解し合うことができたのです。

人と人とのコミュニケーションが言語によってのみなされるのでないことは、誰もが日常生活のなかで感じているでしょう。最近では「はっきり言わなければ気持ちは伝わらない」と考える風潮《ふうちょう》もありますが、本来、同じ文化のなかで育った人同士なら、ちょっとした動作だけでわかりあえる部分がかなりあるものです。

ことに日本においては、「以心伝心《いしんでんしん》」という言葉があるように、言語に頼らずに心を通じ合わせてきた土壌《どじょう》があります。日々の暮らしのなかでも、あえて言葉にすると、かえって気持ちが伝わらないことは少なくありません。もし、「あなたへの心配りとして、こういうことをします」「あなたの気持ちを考えて、私はあちらに行きます」などと、いちいち説明していたならば、押しつけがましく受け止められるでしょう。無粋《ぶすい》で、不躾《ぶしつけ》な印象を与えてしまいます。

それにくらべて、ちょっとした動作やしぐさをすることで打てば響くように互いを認め合い、理解し合える状態は、洗練された文化を示すといえるでしょう。

しかも、人を思いやる「和のこころ」は、近しい相手にのみ表現されたのではありません。見ず知らずの他人、出会ったばかりの人にたいしても等しく示されました。

たとえば、雨の日に人とすれ違うときに傘を外側に傾ける「傘かしげ」は「江戸しぐさ」のひとつで、江戸文化の洗練と成熟ぶりを物語っています。

最近では、細い道であろうと人ごみであろうと、まるで自分ひとりしかこの世に存在しないかのように堂々と傘をさし、他人の服を濡《ぬ》らそうが、ぶつかろうがお構いなしの人が多いものですが、かつての江戸ではそんなことはありませんでした。

向こうから来た人とすれ違うときは、外側に傘をかしげました。申し合わせたように互いが相手とは反対側に傘を傾け、相手の体にしずくがかからないようにしたのです。こうすれば狭い路地であっても、気持ちよく通り抜けることができます。

今のように丈夫な鉄の骨やナイロンの素材もなく、竹の骨に紙を張った番傘《ばんがさ》を使っていた時代ですから、ぶつかって破れたり壊れたりしないようにという狙いもありましたが、他人への気配りと敵意のなさを示していることもたしかです。

●「江戸しぐさ」には生活の知恵が詰まっている

江戸しぐさとは、江戸町方《まちかた》においてリーダー格であった将軍御用達《ごようたし》の商人たちの心得として考えられたのが始まりだといわれています。その根底には謙虚に身の程をわきまえ、他人への配慮があり、相手に妙な気遣《きづか》いをさせないように気をきかせるという精神があります。商人として大成するのに必要な処世術を超えた人生哲学というべきものなのです。

それが江戸庶民のあいだに広まり、公衆道徳として定着していきました。百万都市にまで成長した江戸において、多様なバックグラウンドをもつ人々が争いを避けて共存していくために大きく貢献したのです。

各地から集まってきた人々のあいだでは、生活習慣が異なるため、ともすれば行き違いによってトラブルが起こります。それを防ぐ生活の知恵として、「お初《はつ》しぐさ」「稚児《ちご》しぐさ」などと呼ばれて、小さい頃から教え込まれました。

「傘かしげ」は今では失われつつありますが、細い路地を歩く芸者さんにその伝統が受け継がれているのを見ることがあります。言葉をかわさなくても、思いやりを示し合えるじつに粋《いき》なしぐさです。

武士から生まれた無用な争いを避けるマナー ◉左側通行

通りすがりの人にいちいち気を使うなんて面倒だと思うかもしれませんが、ちょっとした人との触れ合いが毎日にうるおいをもたらすこともたしかでしょう。たとえば、急いで歩いているとき、その様子を瞬時《しゅんじ》に見て取った人から気持ちよく道を譲《ゆず》られたら、さわやかな風が吹いたような気分になるのではないでしょうか。

たとえ偶然すれ違っただけで二度と会わない相手でも、動作や態度で心を通い合わせれば、きっと日々が豊かに感じられることでしょう。多くの人々に囲まれながらも一人ひとりが孤立しているようなドライな現代社会だからこそ、先人の知恵を今一度見直したいものです。

こうした伝統は、いわゆる〝キレやすい人〟から身を守るヒントも与えてくれます。和のこころを伝えるふるまいを身につけることで、気づかないうちに相手の感情を害し、挑発していたという事態を回避する効果が期待できます。

前述した「傘かしげ」にしても、これを習慣化すれば不注意によってケンカを売られるようなことも防げるはず。腹の虫の居所が悪い人から「傘がぶつかった」「服がびしょびしょになった」などと、詰め寄られずにすみます。

相手に先を譲る行ないも、いさかいの多い世の中では役立ちます。誰もが我先《われさき》に進もうとしたら、どうしても衝突が起きるものです。「こっちは急いでいるのだ。どけどけ」「自分はとても重要な用事があって急いでいるのだから、相手が譲るのが当然」などと考えてふるまえば、アクシデントに見舞われ、かえって時間をとられ、心も体も傷つくことになりがちです。

●庶民にも広がった「武士の作法」

江戸時代にまでさかのぼると、武士の世界に手本とすべきふるまいを見ることができます。身分による序列が存在し、礼節や名誉、体面が重んじられていた時代の精神にのっとったルールや作法です。

武士は何といっても帯刀《たいとう》しています。向こうから歩いて来た相手に自覚もないまま礼を失する態度をとったら、殺傷沙汰《さっしょうざた》になりかねません。

狭い道ですれ違う場合は、立ち止まって先を譲り合い、一方が先に通りすぎるのを待ってから、もう一方はふたたび歩き始めます。そのままのペースで歩き続けてすれ違うということはありません。当然、面識のない同士でも、一方が明らかに身分が高ければ、身分が低い人のほうが先を譲ることになります。

そして、歩くのは左側と決まっています。もともと殿中《でんちゅう》の廊下を歩く作法としてできたもので、これには刀を左の腰に差していたことが関係しています。

刀を左に差したのは、そうでないとあの長い日本刀をすんなりと抜くことができないからです。右利きの人が素早く鞘《さや》から刀を抜くためには、左の腰に下げる必要がありました。

刀を左の腰に下げたとき、右側通行ですれ違うとどうなるでしょう。相手に近い側に鞘があるので、体の後ろにのびた鐺《こじり》の部分がぶつかってしまうおそれがあります。広い道ならまだしも、スペースが限られている殿中の廊下ではなおさらです。

自分の大切な刀に相手がぶつかってきたとなれば、武士は侮蔑《ぶべつ》と解釈し、黙って見過ごすことはできない問題となります。

左側通行にすれば、そのような事態を未然に防げるうえ、万一、急襲を受けた場合でも刀を抜きやすいという利点があります。もし、右側を歩いていて、左側から襲われたら、左側に差した刀は抜きにくくなってしまい、反撃が遅れてしまいます。左側通行のほうが身を守るうえでも理にかなっていたのです。

こうして殿中の廊下では左側通行という習慣が生まれ、表の道でも、両方向から大名行列が進んできて出くわしたさいは、身分の低いほうが左側に寄って止まり、相手の大名の行列が通り過ぎるまで待つようになりました。そこから、個人で歩いているときでも、同様に一方が止まって、相手に先を譲るようになったのです。

刀へのこだわりが
「左側通行」を生んだ

現代の日本では「車は左、歩行者は右」と決まっているので、「左側通行」といわれてもぴんとこないかもしれませんが、歩道や歩行者専用道では自然と左側通行になっていることも多くあります。左側に寄って先を譲るふるまいは、今でも立派に通用するでしょう。

「こんにちは」という言葉に込められている深意とは ◉挨拶

他人を思いやり、大切にしようとする気持ちが端的《たんてき》にあらわれているふるまいの代表が挨拶です。単なる儀礼的なものと考えて軽んじていると、妙な誤解を受けたり、対人関係につまずいたりするおそれがあります。

マナー教室でも、基本中の基本として感じのいい挨拶の仕方を教えています。ビジネスの世界だけでなく、プライベートでも挨拶は大切です。

現在の日本では都会を中心に近所づき合いがなくなったといわれますが、それだけに顔を合わせたときに心を込めて「こんにちは」と挨拶できれば、効果が上がるとも考えられます。簡単な挨拶だけで「礼儀正しく感じがいい人」という好印象を残すことができるのです。

そもそも「こんにちは」という挨拶には、

「今日はいい日ですね」

「今日はいいお天気ですね」

「今日はご機嫌いかがですか」

といった隠れた意味があります。後ろにつく部分を略して、「こんにちは」という挨拶の言葉になったのです。そこには相手のことを配慮し、ともに生きる人間として慈《いつく》しみ、励ます心が込められています。そして、相手の無事を祝福するという意味合いがあります。

「こんばんは」という表現も同様で、

「今晩はいい晩です」

さらには、

「無事に一日を過ごして、今晩はいい晩を迎えましたね」

といった言葉が略されています。

「おはよう」は「お早く」のウ音便の形で、やはり祝福の気持ちが込められています。

「お早く起きて、健康でよろしいですね」

「お早くから、お仕事ご苦労さまです」

「早くから精が出ますね。元気でいいですね」
といった言葉が略されているのです。

●福を招く力をもつ言葉

現代人は疲れやストレス、寝不足で心がまいっていることが多いために、「祝福されるほど元気じゃない」と思うかもしれませんが、多少調子が悪かろうが、つつがなくその日を迎え、一日を過ごせれば、ありがたいことであり、それだけで大きな意味があります。同じく無事に過ごしている人にたいしても、祝福の言葉をかけるのが和のこころなのです。

祝福の言葉といえば「おめでとう」がありますが、この表現にも、もともと慈愛《じあい》や称賛に値するという意味があります。ぎすぎすした人間関係に悩む現代人は、このように互いを慈しみ、ほめたたえる言葉をかけ合う精神を真剣に見直すべきところにきているのではないでしょうか。

古来、日本には言霊《ことだま》思想があり、言葉には不思議な力が宿っているとされました。そして、口から言葉を発すると、そのとおりの結果になると信じられていました。いい言葉であれば、いいことが起きるということです。ですから、祝福の言葉をかければ、その気持ちがストレートに相手に伝わりました。

慈愛の心を受け取った人は喜び、やはり相手を慈しむ気持ちになります。昔の日本人にとっては、簡単な日常の挨拶でさえ儀礼的なものではなく、福を招く力をもつ言葉でした。まさに真心を伝え合える大切なものだったのです。

脱ぎ方を間違えるだけで無礼なふるまいになってしまう

◉靴の揃え方

伝統的な礼儀作法に疎《うと》い人でも、よそのお宅を訪問したら、玄関で脱《ぬ》いだ靴を揃えるということくらいは知っているでしょう。外から入ってきたままの向きで脱ぎっぱなしにするのは、とても失礼な行為にあたります。

また、向きを変えることにばかりとらわれて、間違った脱ぎ方をしている人も少なくありません。脱いでから向きを変えるのではなく、入り口のほうに体の向きを変えてから脱ぐやり方をよく見かけます。座敷になっている飲食店や集会所のような場所では、若い人たちが次々にそんなふうに靴を脱いでいくのを目にします。それが当たり前だと思い込んでいるのかもしれません。

体の向きを変えてから脱げば、わざわざあとから揃えずにすむので、手間いらずで合理的だと思うかもしれませんが、じっさいには相手にたいして無礼な態度になります。玄関まで迎えに来てくれた方に、あろうことか背中とお尻を向けることになるからです。ほかの状況であっても、相手にたいして背を向ける、お尻を向けるというのは、礼を欠くふるまいになることを覚えておきましょう。

靴は体の向きを変えずに、入り口から入った方向のままで脱ぐのが正解。そうして脱いで上がってから、体を斜め向きにして膝をつき、靴を出船の形に揃えます。相手に背を向けないようにして向きを変えるのです。

このように脱いだ靴を揃えておけば、相手の手をわずらわせずにすみます。もしも入った方向のままで脱ぎっぱなしにしたら、そのお宅の人が向きを変えておかなければなりません。お邪魔するのはこちらなのだから、自分の靴は自分で揃えるというわけです。

●茶道の作法と身を守る知恵

とはいえ、靴を出船の形に揃えることには、相手への心配りと同様に、自分の身を守るという意味合いもあります。これには、茶道《さどう》の礼儀作法として定まり、その後、江戸時代になって一般家庭や飲食店などにまで広まったことが関係しています。

茶室の出入り口といえば、「にじり口」。高さは六五センチメートルくらい、幅は六〇センチメートルくらいしかありません。膝をついてにじるように入るので、にじり口と呼ばれ、にじり上がり、くぐりなどともいわれます。

このように出入り口が狭いため、履物《はきもの》を脱いだままの状態にしていたら、出る段になって手間取ることになります。しかも、茶道の発展に大きく寄与したのは武士階級です。万一、茶室にいるあいだに敵に襲われたら、素早く逃げなければなりません。そのためには、

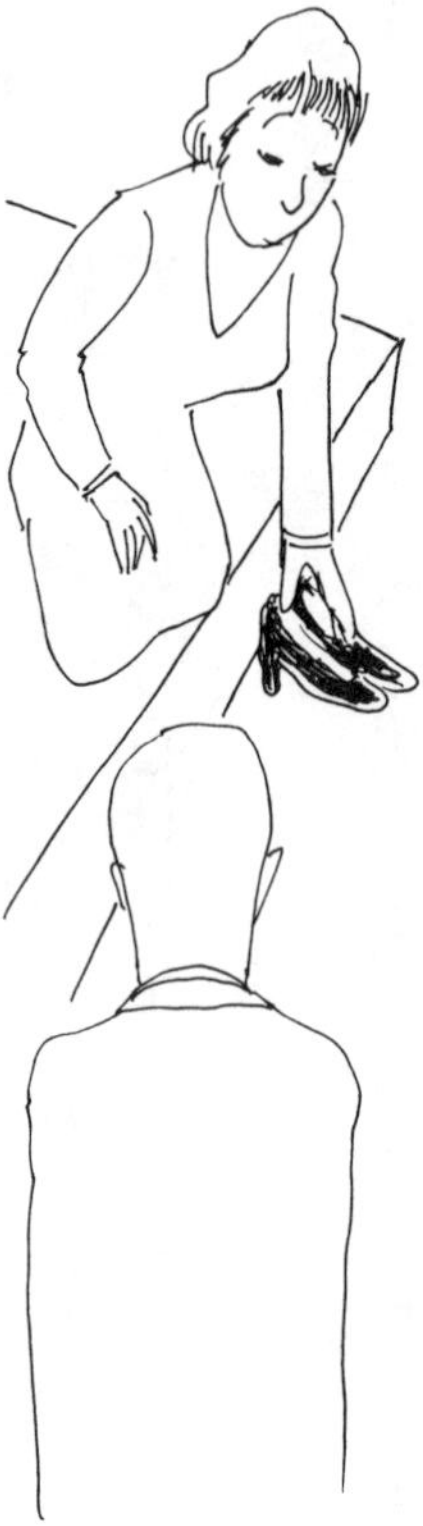

相手に背を向けずに
揃えるように心がける

履物を履きやすい状態にしておいたほうがいいということです。

そこで、防御の意味合いから、茶室ににじり入ってから手を伸ばし、出船の形に自分で揃えておくという礼儀作法が生まれたのです。

禅寺の標語に「脚下照顧《きゃっかしょうこ》」というものがあります。自分の足もとをよく見よと反省をうながす意味合いで使われます。靴を脱ぎ散らかすような人は、それこそ文字どおり自己反省が必要だということになります。

武士とは違い、現代人は敵の攻撃に備える必要はありませんが、それでも天災や無差別犯罪の被害を受ける可能性がないとは言い切れません。相手に配慮しつつ、自分の身を守るという奥深い作法は、現代にも通用する知恵といえるでしょう。

なぜ、挨拶が終わるまで座ってはいけないのか ◉座布団

最近の日本は治安が悪化したといわれますが、それでも遠い昔の時代から見れば平和な世の中です。誰かに突然切りつけられるかもしれないと、つねに心配しているという人はまずいません。

どこかで襲われる可能性がぬぐいきれないご時世であれば、他人にたいしてどうふるまうかもそれに応じたものになります。現代人ならさしずめ防御を固めて、できるだけ警戒を解《と》かないことを真っ先に考えるでしょうが、昔の日本人の知恵にはもっと奥深いものがありました。

伝統的な作法のなかには、相手にたいして「敵愾心《てきがいしん》がなく、信用している」と表現するふるまいがたくさんあるのです。動作や態度で気持ちを伝えることができれば、相手も警戒を解き、余計な気をまわさずにすむでしょう。自分中心ではなく相手の立場にたって考え、気持ちを先回りしてくみとるという賢いアプローチの仕方です。

たとえば、他人のお宅を訪問して挨拶をするときに、座布団をはずすという作法があります。結納《ゆいのう》の挨拶のような正式な口上《こうじょう》を述べるさいに、勧められたからといって座布団の上に座ったままでいたら完全なマナー違反となります。

●正しい「座布団の作法」とは

なぜ座布団をはずすふるまいが信頼をあらわすのかというと、かつては縁の下に潜《ひそ》む敵に、畳の下から刀で突かれるおそれがあったからです。家の主《あるじ》が危害を加えたい相手を室内に招き入れ、配下の者に命じて畳の下から突然、襲わせることがあったのです。

座布団には、そのような場合に足を保護するという役目がありました。初めの一撃で足に大怪我を負わされたら、逃げることもかなわなくなります。まんまと罠《わな》にはまり、とどめをさされてしまいます。

ですから、足を防御する座布団をはずすという行為には、「あなたを信用しています」というメッセージが込められているのです。家の主にたいしてへりくだる姿勢をとるという意味もありますが、無防備な状態にあえて身をおくことも意味します。互いに下心がないと確認し合うことができるわけです。

和室のない家で育った人にはなじみがないかもしれませんが、これは特別な機会に限定されるものではないのでぜひ覚えておきましょう。訪ねた家で和室に通された場合は、座布団を敷かずに正座し、膝の前に両手をついて頭を下げ、家の主に挨拶するのが正しいふるまい。座布団を敷いて座るのは、挨拶のあと、主に「どうぞ当ててください」などと勧められてからにします。

ちなみに座布団は、縫《ぬ》い目のない一辺を前にして使います。布を半分に折って三辺を縫い合わせて作るため、一辺だけ輪になっているところがあります。それを前にして座るのが正しい向きとされています。

　また、現在のように綿を詰めた座布団が使われるようになったのは、江戸時代に綿が普及してからのことです。綿を入れた寝具、つまり布団が広まり、座るときに敷くものにも同じように綿が使われるようになりました。

　座布団の原型は、「褥《しとね》」に見ることができます。ワラで作った褥はむしろを芯にして、布で包んだり、縁《ふち》取りをしたりした大きな四角い敷物で、平安時代の頃から使われるようになったものです。ほかに、菅《すげ》や藺《い》、ワラなどで作った「円座」という丸い敷物も使われていました。

相手への信頼を簡単に示せる縁起のいい小道具 ◉扇子

　他人のお宅を正式訪問するさいは、扇子《せんす》を帯に挟んでもっていくという作法もあります。和服を着る機会の少ない現代では忘れられかけている感がありますが、この扇子も相手への信頼を示すのに使われます。

　挨拶をするときは、前述したように座布団をはずし、扇子は前に置くのが礼儀正しいやり方です。正座をした膝の前に、柄《え》を右にして横向きに置き、おじぎをするのです。

なぜ前に置くのかというと、扇子が武器にもなる道具だからだといわれています。竹の骨に紙を張った扇子では戦えないと思うでしょうが、武士は「鉄扇《てっせん》」をつねに持ち歩いていました。優雅な小道具ではなく、鉄でできた護身用の武器です。刀で切りつけられたら、その刃を受ける道具となりますし、反撃するときにも役立ちます。

したがって、扇子を前に置けば、それはすなわち武器を置くことになり、敵意のない気持ちのあらわれとなります。同時に相手への信頼を示すこともできます。つまり、警戒する相手にたいして、恭順《きょうじゅん》の意をあらわす道具として使われたのです。この武家の礼法が広まり、広くお宅を訪問するさいの作法となりました。

ただし、厳密には武家が編《あ》み出した作法ではなく、公卿《くぎょう》の作法にならって室町時代に定まったものともいわれています。もちろん、公卿が用いたのは鉄扇ではありません。檜扇《ひおうぎ》や中啓《ちゅうけい》と呼ばれる扇で、帯に挟んだり腰に差したりせず、手にもつものでした。テレビの時代劇で公卿が扇を手にしているシーンを見たことのある人は多いでしょう。

扇を手にもったままでは挨拶はしにくいもの。だから、自然と膝の前に置くようになったというわけです。また、扇によって相手と自分の領域を区切り、身を低くして謙譲をあらわす意味もあるとされています。

いずれにせよ、扇が日本人の暮らしに溶け込み、時代や身分、状況に合った使われ方をしてきたことはたしかでしょう。開いて使うことから「心を開く」ことに通じ、縁起がいいともされました。

●日本人の〝粋〟は実用的

さらに扇は、信仰や日本舞踊にもつながっています。手のひらに似た扇を振ると、神を招き寄せることができると信じられ、そこから扇を使う舞踊が発展していったのです。日本舞踊を習ったことのある人なら、扇子の使い方をくり返し練習した記憶があるはずです。

小道具ひとつにさまざまな意味合いを見出《みいだ》し、実際的な目的を粋なふるまいにまで高めていくのは、日本ならではの美意識のなせるわざといえるかもしれません。

最近は、和ブーム、着物ブームによって、若い人のあいだでも和装のよさが再認識されています。扇子は美しいおしゃれ小物にもなりますから、積極的に取り入れるとよいでしょう。さらに、正しいふるまい方を身につければ、楽しみが一層広がるはずです。

「つまらないものですが…」と言いながら渡す理由とは ◉贈り物

日本において他人の気持ちに配慮するさい、忘れてならないのが上下の関係です。民主主義のなかで「みんな平等」とばかりに育った人たちは違和感をもつかもしれませんが、相手を立ててへりくだることは日本人の美徳です。

謙虚な姿勢が好感をもたれるのは、今も昔と変わりありません。地位や学歴の高さや富、才能などをひけらかし、いばり散らしている人は嫌われます。最近では、学校を卒業したばかりの新入社員でさえ「自分には能力があるから、会社はそれを生かせる仕事をさせて当然」という態度をとる人がいますが、当然のごとく周囲と衝突し、すぐにつまずいてしまいます。

「能ある鷹は爪を隠す」と昔からいわれるとおり、本当に実力のある人はむやみにそれを誇示したりしません。居丈高《いたけだか》にふるまったり、声を上げて主張したりしなくても、力量は自然と表にあらわれるからです。

相手の側にたって心配りをすれば、無用な衝突は避けられるし、物事がすんなりと進みます。とくに目上の人にたいしては、へりくだった態度をとることで、コミュニケーションが円滑になり、よい結果を導き出すことができます。

●「決まり文句」に秘められた意味

たとえば、贈り物をするさい、日本では「つまらないものですが……」と言い添えるのが決まり文句となっていますが、これにも相手を立てる意味合いがあります。

「相手が気に入るように一生懸命考えて選んだのに、『つまらないもの』というのはおかしい」「高いお金を出して買ったものだから、そんな卑屈《ひくつ》な言い方をせずに堂々と差し出すべきだ」などと思う人も多いでしょうし、笑い話として「そんなつまらないものを私にくれるのかい？」と相手に切り返されたという人もいますが、大切なのは言葉に秘められた気持ちです。

旧五千円札の肖像画で有名になった、明治・大正時代の思想家、教育者として知られる新渡戸稲造《にとべいなぞう》は、著書『武士道』のなかで、この言い回しに触れています。それによると、相手があまりにも立派であるがゆえに、いかに立派な品であろうと、つまらないものに見えるという意味合いだということです。

心から尊敬する人ならまだしも、そうでもない相手をそこまで持ち上げるのはそらぞらしいと思うかもしれませんが、目上の人を敬うことは和のこころの真髄《しんずい》のひとつです。卑屈になるのではなく、自分は低く控えて相手への尊敬を表現するのです。

それに、贈り物をする相手であれば、日頃、何かしら世話になっているはず。そうしたことを考えれば、型どおりのセリフとしてではなく、尊敬と感謝を込めて「つまらないものですが……」と言えるのではないでしょうか。

上司の家に招かれたときなどは、たとえ毎日の仕事に不満があったとしても、手土産を差し出して、心からこの言葉を言ってみるといいでしょう。相手を立派な人物だと思い、尊敬しているという気持ちが伝われば、関係は必ず改善していくのではないでしょうか。

「知らない」では許されない上下関係の〝常識中の常識〟◉上座・下座

日本の伝統的作法のなかでも、上下関係を重んずる精神を象徴的に物語っているもののひとつが、上座《かみざ》、下座《しもざ》の発想です。礼儀を知らないといわれることが多い若い人たちも、社会に出れば必要に迫《せま》られてその基本を学びます。どちらが上座かわからなければ、上司はもちろん、取引先やお客にたいして無礼なふるまいとなるからです。

たとえば、座敷で部署内の飲み会をするさい、自分が先に着いたからといって平気な顔をして上座に陣取っていたら、後から来た上司の目にはたちまち非常識な人間だと映ります。もし主任と課長が同席するような場であれば、主任から「平社員の君が課長より上座に座るとは何事か！」と叱責《しっせき》されるに違いありません。会議室などでの席順にしても同じことがいえます。

叱られたほうは、「今時、そんなことどうだっていいじゃないか」「そんなに偉ぶりたいのか」などと思うかもしれません。しかし、問題は相手の気持ちや立場をわかろうとしないところにあります。自分本位で他人にたいする配慮を欠いた考え方が、ふるまいにあらわれていると、目上の人や得意先の人などに思われてしまうのです。

そんな態度のままでは、大切な取引先をまかされるはずもないし、上司は安心して接待に同席させることもできません。

部屋のなかでは、出入り口から遠いところほど上座というのが原則。反対に、出入り口に近い席が下座となります。上位にあたる人は奥に座るものと考えればいいでしょう。和室だけでなく、洋室においても、この原則は適用されます。

●和室での「上座・下座」はどう決まるのか

和室においては、床《とこ》の間を中心として考える決まり事があります。床の間を背にした席がいちばんの上座。四角い座卓の四辺に四人で座るなら、二番目は床の間のある側の側面、三番目は床脇棚《とこわきだな》のある側の側面、そして四番目が出入り口を背にした席となります。

床脇棚とは、床の間の脇にある「違い棚」などが設けられた部分のことです。なぜ出入り口から見て右か左かで二番目、三番目を説明できないのかというと、床の間と床脇棚の位置関係によって変わるためです。

床の間が出入り口から見て右にあり、左に床脇棚がある場合は「本勝手」といい、右側のほうが上座とされます。床の間が左で、右に床脇棚のある「逆勝手」では、左側のほうが右よりも上座になります。

床の間の前が上座になるのは、もともと礼拝の場所であったためです。僧家において仏画を掛け、花や燭台《しょくだい》、香炉《こうろ》を飾って拝んでいたのです。その後、掛け軸を飾って鑑賞するようになり、安土桃山時代から江戸時代初期の頃に、今も見られるような幅一間（約一・八メートル）、奥行き三尺（約九一センチメートル）ほどの床の間の形態となっていきました。

とはいえ、最近の住宅では、床の間が出入り口の正面にない場合もあります。そのさい

●和室での「上座・下座」の作法

出入り口から見て、床の間を背にした席が一番の上座となる。続いて床の間のある側面の席が二番目。違い棚のある側面の席が三番目となる

●洋室での「上座・下座」の作法

出入り口から見て、もっとも奥の席が上座。また、応接セットでは長椅子があるほうが上座、ひじ掛け椅子があるほうが下座に。状況を見て判断することが大切

は、やはり出入り口から遠い奥のほうが上座になると考えればいいでしょう。

ただし、快適であることも大切なポイントです。たとえ基本的に上座にあたる席でも、暗くて寒く、きゅうくつで居心地が悪い場所では、相手に失礼になります。冬場は心地よく光が当たり、暖かく、夏場はその逆でゆったりと落ち着ける席を上座として考える必要があります。

眺めも同様で、上位にあたる人には、何も掛かっていない壁に面する席よりも、装飾や景色がよく見える席を勧めたほうがいいでしょう。

このように、上座、下座というのは、単に序列を示すものではなく、他人への気配りのあらわれでもあります。立場をわきまえて相手を尊重し、失礼のないように、居心地よくくつろいでもらえるようにという気持ちが込められているのです。

旅立つ人の無事を願う純粋な気持ちの表れ ◉手を振るしぐさ

科学万能主義の現代人は、地球の将来さえ科学の力で思いどおりにコントロールできると思っているふしがあります。しかし、そのいっぽうで天災や事故、難病などは昔と変わらず多くの人々を苦しめています。

先に述べた「挨拶」の背景にある「言霊《ことだま》」にしても迷信にすぎないと考え、「霊力や信仰の力などは非科学的、非現実的だから信じない」という人も多いものですが、世の中にはやはり科学では説明がつかないことがあります。自分たちの生きている宇宙には人知を超えた力が働いていると謙虚に受け止め、大いなる力の前には頭《こうべ》を垂《た》れて祈りを捧げた日本の古人の姿勢には、見習うべき点もあるのではないでしょうか。

たとえば、いくらすべてを合理的に割り切って考える人でも、恋人や家族のような大切な人にたいしては、いつも無事で健康にいられるようにと神や仏に願っているはず。その願いを美しい言葉や動作によってあらわすのだと思えば、挨拶の大切さが実感できるでしょう。

じつは、別れ際に手を振るしぐさにも、相手の安全を祈る意味合いがあります。たとえば、遠距離恋愛をしている恋人同士は駅で別れるとき、電車が走り始めても手を振り続けています。どっぷりと恋愛にはまっていれば、電車が見えなくなるまで大きく腕を振り続けるかもしれません。

そのとき、胸にあるのは、名残惜《なごり》しいという気持ち、もっと一緒にいたいという欲求だけではないでしょう。大切な人と離れ離れになるときは、「気をつけてね」「また会える日まで元気でいてね」という願いが自然とこみ上げてくるものです。

また、朝、子供を学校に送り出す親は「行ってらっしゃい。気をつけてね」と、手を振りながら言葉にして伝えることがあります。この行為も無事と安全を願う心を表現しているわけです。どちらも無意識のうちに神のご加護があるように祈っているのだと解釈できます。

この手を振る習慣は神の力を招き寄せるまじないに由来しています。奈良・平安時代、女性たちは神に奉仕するさい、「領巾《ひれ》」(肩巾《ひれ》とも書く)という薄い布を身につけました。これを肩にかけ、左右に長く垂らして、それを振って祈ったのです。空気を震わせることで、神霊をふるいたたせようという狙いがありました。

このまじないは、愛する人にたいしても用いられ、袖を振って相手の魂を引き寄せ、心を燃え立たせようとしました。『万葉集』にも袖を振って、恋愛感情をつのらせようとする歌が数多くあります。そして、旅立つ人を見送るときには、袖や手を振り、神霊をふるいたたせ、加護を仰ぎました。

長い歳月のなかで、まじないが忘れられても、この形だけは残り、いまも広く使われています。「ああ、神様、あの人をお守りください」と願う気持ちが自然とわいてくるからこそ、目的や理由は抜きにしても受け継がれてきたのかもしれません。

●「餞別」に込められた思いとは

遠くに行く人に餞別《せんべつ》を贈ることにも、安全を願う気持ちが込められています。周囲で退職や転勤、転居などをする人が続くと、「お金がかかって大変」とぼやきたくもなるでしょうが、そんなときは相手を思う純粋な気持ちを思い起こしたいものです。

昔は誰かが旅に出るとなると、家族や親戚、近しい人々は集まって酒や食べ物をふるまい、はなむけとして金銭を渡しました。これは旅に必要な資金でもありました。送別会を開いて餞別を渡す現代と、形としてはあまり変わりがないといえます。

ただし、この時代における餞別には、単なる旅費の援助という以上の意味がありました。昔の旅は、今と違って危険に満ちていました。飛行機や新幹線や車で快適な道中を楽しめるはずもありません。予約した宿が最寄りの駅まで迎えをよこしてくれるわけでもありません。

そこで、集まった人たちは力を出し合い、旅人に安全が得られるように願いました。慣れ親しんだ土地を離れれば、そこは「異界」であり、魂が衰弱するおそれがあると考えたのです。そして、魂が弱ると災いにもあいやすくなるので、親類縁者が自らの魂の一部を分け与えるという意味合いもありました。そのようにして励まし、無事に戻ってくることを願ったのです。

自分の魂まで分け与えようとするとは、現代人の考える他人への思いやりを大きく超えています。そんな美徳があったと考えれば、相手の無事を思い、気持ちよく身銭《みぜに》を切る気になるのではないでしょうか。

相手を気遣う心が生んだ日本人らしい知恵 ◉逆さ箒《ぼうき》

現代人はともすれば「ひとりでも生きていける」と考え、いわゆる「おつき合い」を面倒くさがって切り捨てようとします。親戚づき合いも近所づき合いも時間とお金、労力がかかるばかりで、そのわりにたいして得られるものはないという打算的な判断も働いているのかもしれません。

しかし、そんなふうに言っていられるのは物事が順調にいっているときのこと。ひとたび逆境に立てば、親戚や人様が差しのべてくれた手にありがたくすがり、そのやさしさに胸を打たれることになります。

困ったときだけ、手のひらを返したように親しさを装い、お金の無心をしてまわるというのもよく聞く話です。そんなときは、やはりそれまで相手をないがしろにしていたつけがまわり、期待するほどのお情けはかけてもらえないでしょう。

そんなふうに考えれば、日頃から周囲の人々と折につけ顔を合わせ、ともに飲食し、贈り物をし合うなどして関係を育《はぐく》んでいくことも大切なのだとわかるはずです。おつき合いをきちんとしていれば、「困ったときはお互いさま」と助け合える関係を築くことができるのです。

現代と違って日々、過酷な環境に身を置いていた昔の人たちは、孤立していては生きていけないことをよく知っていました。ともに生きる人たちと手を携《たずさ》え、互いを思いやり、情けをかけ合いながら暮らしていたのです。ですから、たとえつき合うのが大変なときでも、面と向かって対決するのではなく、角《かど》が立たないようにしていました。

たとえば、家に遊びに来た人が腰をすえてしまい、なかなか帰ろうとしなくても、「もう遅いので、そろそろ……」と追い出すわけにはいきません。今でもあまりはっきりと言えない気質をもつ日本人が多いことに変わりはありませんが、夫が連れて来た客といつまでも飲み続けていたりすると、「ごめんなさい。明日、早いからお先に」と言って寝てしまう妻もいるでしょう。

では、昔の日本人はどうしたかというと、神頼みで早く帰るように願ったのです。長尻の人には、箒《ほうき》を逆さに立てて対応しました。

なぜかといえば、逆さ箒が祭りのときに神前に供える御刷毛《おはけ》に似ていたためです。笹竹や榊《さかき》の先に布帛《ふはく》をつけて立てたさまが、竹箒を逆さにしたような形だったのです。そして、逆さ箒にも、御刷毛と同様に神霊が降りて宿ると信じられていました。

そこで、客がなかなか帰らないときには、「もう手に負えません、神様、どうか早く帰らせてください」と願いを込めて、箒を逆さに立てました。神が降りてきて祭ろうとしているのに、まだ居座り続ければ、罰が当たるというまじないとも見られます。

●日常使う道具に神とのつながりを見た日本人

また、逆さ箒を門口に立てておくと、嫌な人が来ないという言い伝えもあります。箒にそのような力があると信じられていたのには、掃《は》き出す、掃き寄せる道具であることが関係しています。稲霊の宿る米を掃き寄せることから、人の霊魂も掃き寄せ、強化すると考えられていました。

このように、八百万《やおよろず》の神を信じた日本人は、日常の道具にさえ神霊が宿ると考えたのです。神々に感謝を捧げつつ、その大いなる力をまじないにも使いました。使い捨て文化が進んだ今では信じがたいことかもしれませんが、ものを大切にし、そこに神なるものとのつながりを見る心、そして角を立てずに人づき合いをしようとする知恵には学ぶべきところがあるでしょう。

清浄を重んじ、ものを大切にする心が秘められている ◉風呂敷

最近、和ブームとエコロジーなどが結びつき、風呂敷の良さが見直されてきました。バッグにしのばせておけば、必要に応じてさっと広げられるし、おしゃれで便利だと若い女性たちにも注目され、雑誌やテレビなどでも取り上げられています。

以前は、お中元やお歳暮《せいぼ》、お土産などを先方に持参するとき、風呂敷で包んでいくのが作法でした。どのように包むのか、どのように使うのかは、小さい頃から自然と身につけ

ていくものだったのです。

今では、贈り物はお店で入れてくれた紙袋のまま持ち運ぶのが一般的になり、せっかく風呂敷の良さを再認識しても、正しい使い方を知らないままでいるという人がたくさんいます。

これまで風呂敷に触れた経験がなかった人のなかには、品物を包んだまま相手に渡そうとする人もいますが、もちろんこれは間違いです。年配の方に好印象を与えたくて頑張ったつもりでも、かえって常識を疑われてしまいます。

包んだままで渡してしまうのは、気のきいたラッピングのような感覚で使うからでしょう。たしかに、美しい包装紙で見栄えよく包むことと、布でできた風呂敷で包むことには似たところがあるかもしれません。しかし、風呂敷は包装用に使うものではありません。本来の役目はものを包んで、持ち運ぶところにあります。

●「風呂」に敷いたから「風呂敷」になった

平安時代の頃、風呂敷は「平包《ひらづつみ》」と呼ばれており、衣類などを持ち運ぶのに重宝がられていました。

風呂敷と呼ばれるようになったのは、銭湯が広まった江戸時代になってからのこと。当時の銭湯は蒸し風呂で、一六世紀の初め頃までは男性は「風呂褌《ふんどし》」、女性は「湯文字」という単《ひとえ》を身につけていました。これらや風呂道具は布で包んで持参し、衣類を着るさいにその布を床に敷いたりしたため、「風呂で敷く」ものとして、風呂敷という名がつきました。その後、ものを包む四角い布を広く風呂敷と呼ぶようになったのです。

では、なぜ進物を風呂敷で包むのかというと、これについては持ち運びに便利だからというだけではありません。その背景には、清浄であることを大切にする心があります。

中身を取り出してから
渡すのが正しい作法

相手への気持ちのあらわれとして贈る品物が、ほこりやちりで汚れていたら、そこに込められた純粋な心まで損なわれてしまいます。穢《けが》れのない状態で渡してこそ思いも伝わりますし、そうでなければ相手に失礼になります。

ですから、贈り物を風呂敷で包んで持参したら、中の品物を取り出して渡すようにします。風呂敷は素早くたたんで、品物を相手に差し出します。ただし、いきなり片手でつかんで相手のほうに向けて押し出したりはしないこと。まず自分のほうに正面が見えるように置き、両手で九〇度ずつ二回に分けて時計回りに回転させて相手のほうに向けるのが正しいやり方です。

このように、風呂敷の使い方ひとつにも、清浄を重んじ、ものを大切にする心、相手を思いやる心が秘められているのです。

「千羽鶴」の願掛けはどのように生まれ、広まったのか ◉折り鶴

大量生産、大量消費が進むなかで、ものを大切にする心は失われつつあります。身の回りにあふれたものに神秘的な力を感じ取ること、また、そうした機会を得ることは、現代

の若い人たちには少なくなってきています。

たとえば、紙一枚にたいする思いは、昔と今では比較のしようのないほど違います。紙は貴重品だったため、メモ書きに使ったり、書き損じて破り捨てるなどということは考えられませんでした。

そんな時代にあっても、日本人が一心に紙と向き合う瞬間がありました。願いを込めて千羽鶴を折るときです。大切な人が入院しているときに一日も早い全快を願って、また、受験の合格祈願として、スポーツなどの勝負の必勝祈願として、千羽鶴を贈る習慣はまだまだすたれていません。

かつて紙は清浄で、穢れを祓《はら》うものと見なされていました。何も書かれていない紙に清らかさ、穢れのなさを見出す気持ちは、子供の頃、習字の時間に半紙と向き合ったときを思い起こせば、想像にかたくないはずです。

そうしたことから、折り紙は、もともとは宗教儀礼の祭具として用いられていました。御神体の代わりや、人の代わりの紙人形が作られていたのです。その後、折り紙は飾りとして婚礼や正月などに使われるようになり、趣味としても広く親しまれるようになってきました。

●なぜ「鶴」だったのか？

折り鶴については、室町時代には縁起物とされていました。鶴は昔から瑞鳥《ずいちょう》（めでたい鳥）とされてきたので、その鶴を折ることが幸運につながると考えられたのも自然な流れだったのでしょう。

鶴は姿形が優雅で美しく、威厳に満ちているうえに、「鶴は千年、亀は万年」といわれるように長寿の象徴として尊《とうと》ばれてきました。晩秋から初冬に決まって渡ってくることも神秘性、霊性と結びつく要素となりました。また、吉祥文様《きちじょうもんよう》（縁起がいいとされる動植物や物品などを描いた図柄）として衣服や器物に用いられ、そのなかには折り鶴、千羽鶴の文様もあります。

そして、千羽鶴は願《がん》をかけて神社に奉納されるようになりました。なぜ千羽なのかというと、千は数の多いことを表現する言葉でもあり、千羽もの折り鶴を作り、連《つら》ねることは、より一層めでたいことが得られるという発想からです。

加えて、「鶴は千年」の千にもちなんでいます。こうして、千羽鶴は願い事をかなえてくれるものとして、病気の全快祈願、必勝祈願として相手の人にたいしても贈られるようになりました。

ちなみに、折り紙が庶民にまで広まった江戸時代には、折り鶴を恋人に贈ることも広く行なわれていました。大切な人を思う気持ちを込めるのに、折り鶴は日本人の心情にぴったりくるものなのでしょう。

二章

感謝を忘れず、和を楽しむ心から生まれるふるまい

相手との縁をつなげる「食事の作法」◉おかわり

日本人は、古来「縁」という微妙な空気をともなう関係を大切にしてきました。縁といっても幅広く、家族という血縁関係もあれば、地域の共同体における近所の家々との縁もあります。さらに、日本では神仏との縁を大切にするふるまいが育《はぐく》まれたり、自然にたいする畏敬《いけい》の念を抱くと同時に、四季という日本特有の季節の変化にも何かしらの縁やゆかりを感じ、それを大切にしてきました。

こうした縁を大切にするふるまいは、さまざまな分野に及んでいます。たとえば食事にかんしても、縁を大切にした作法のひとつに、よその家でごちそうになるさいの「おかわりの作法」があります。

よその家に食事に招かれることは、日常生活のなかでも珍しいことではありません。食事中に、たいていはその家の人に「ごはんのおかわりはいかが?」と尋《たず》ねられるはずです。

このとき、本当はお腹が満ち足りてはいないけれど、おかわりを要求するのは図々しいと思って断る人がいますが、その行為は誤《あやま》りです。また、本当はお腹がいっぱいだったとしても、「もうお腹がいっぱいなのでけっこうです」と断るのも、許される行為ではあるものの、本来は失礼にあたります。

なぜなら、ご飯を一膳で終える「一膳めし」は、人が亡くなって営まれる通夜の席で、枕飾りとして茶碗に山盛りの飯を盛るのを連想させるため、縁起が悪い行ないと考えられているからです。縁起の悪い行為は慎《つつし》むべし。そんな配慮も和のふるまいには含まれています。ですから、むしろ堂々とおかわりをお願いするのが、ごちそうになるときの正しいふるまいとなります。

●「一口分のご飯」を残す理由

このとき、知っておきたいもうひとつの作法があります。それは、一口分だけご飯を茶碗に残した状態で、茶碗を差し出すようにすること。食べかけのご飯をお世話になっている家の人に見せておかわりを要求するのは、はしたないふるまいに感じてしまう人がいるかもしれません。しかし、礼儀正しいとされるのは、その反対に一口分のご飯を茶碗に残すことなのです。

なぜ、ご飯を残すのか。それは一口分のご飯を、その家の主人との縁を大切にしていることを示す象徴としてとらえているからです。日本人は、一口分のご飯があることで、その家との縁がまだ切れてはいないことを示すと考えました。そして、ごちそうをしてくれた家の主人にたいして、温かいもてなしを感謝する心、よい縁を今後も続けたいという気持ちを抱いていることを伝えようとしたのです。

たった一口分のご飯を残すふるまいに、相手の家との良い関係を望んでいることを表現しようという和のこころには大変奥深いものがあるといえるでしょう。

なぜ「二つ折り」にして出すのが礼儀なのか

◉座布団の勧め方

さらには、日本人はお客様を招いて、もてなすことによって生まれる縁の深い結びつきも大切にしてきました。招かれた側の作法だけではなく、招いた側でも良い縁を結び、それを長く続けようという意思表示が習慣化していったのです。

そんな習慣のひとつが座布団の出し方です。これも今では見かける機会が減っていますが、お客様を招いたさいに、座布団は二つ折りにして用意しておくのが礼儀とされていました。お客様が部屋に入る前から、座布団をきちんと敷いておくのは、かえって失礼なことなのです。

礼儀にかなった座布団の出し方は、あらかじめ座布団は二つ折りにしておき、折り目を手前にして招いたお客様の前へともっていきます。つぎに、お客様の側面から座布団をお出しして、はじめてここで座布団を開くのです。

●「縁が開く」おめでたい作法だった

なぜ、座布団を二つ折りにして出すのが、正しい作法なのでしょうか。これは座布団の作法が茶道《さどう》に始まっていることと関係しています。

茶道とは様式にのっとり、家の主人が客人にお茶をふるまうことですが、ただ、お茶を淹《い》れてふるまうのではなく、人と人との出会いと交流、生きていくことの目的や考え方を学ぶ道とされ、日本では総合芸術として発展してきました。一期一会《いちごいちえ》の精神のもと、茶を出す側とそれをいただく側とのあいだに、静かな心の触れ合いや縁を結び合う交流を図ったのです。

茶席において、亭主は客人に座布団を勧めます。このとき、座布団は中綿のうすいものが用意されており、これを二つ折りにして運び、座ってほしい席に広げて敷きました。

この二つ折りにして、わざわざ客人の前で広げる行為には意味が潜《ひそ》んでいました。それは、客人の前で座布団を広げることで、「亭主と客人のあいだの縁が広がる」と考え、縁起が良い行為だという意味合いです。

同時に、二つ折りにした座布団を広げて見せることで、何の仕掛けもない安全なものであると客に示すことも意味しています。座布団を敷いて勧めるという行為ひとつのなかに、複数の意味を込めることで、客人をもてなして深い縁を結ぼうという心を表現していたのです。

座布団には、よい縁を築くための作法が多い

新たな縁を結ぶための「家同士」の大イベントだった◉結納

結婚というと、日本では人生における重大なイベントとしてとらえられてきました。そんな重大なイベントである結婚式にいたる第一歩として、結納《ゆいのう》という儀式もまた大切に扱われてきたといえるでしょう。

結納が重視された理由のひとつとして、男女が結婚するということは、単に愛情の深さを確認し、夫婦になる約束を周囲に示す儀式としてだけ考えられていたわけではなかったことが関係しています。異なるふたつの家を出自《しゅつじ》とする男女が縁を結ぶことで、新しく生まれる両家の縁を大切にしたいという日本人のメンタリティーのあらわれです。家と家とのあいだを結ぶ縁、そんな縁も日本人が重視してきた縁のひとつなのです。

結納とは婚礼に先立ち、女性を迎え入れる男性側が、女性の家へ物を持参すること、あるいは持参する物そのものを指します。平安時代にはすでに結納の風習が生まれており、当時は持参する物を「引き出物」と呼んでいました。

すでにこの平安時代において、嫁を迎える婿《むこ》個人の贈り物という性格はなく、婿側の家が金銭に換えることができるような高価な贈り物をすることが慣わしとなっていました。これも、新たな縁を結ぶ家同士の関係を大切にしようという心が、結納の根底にはあったことを示しています。

それよりさかのぼる奈良時代においては、結納は平安時代とはまったく意を異にする儀式だったことが『常陸風土記《ひたちふどき》』に記されています。

このなかで、筑波山《つくばさん》で男女が互いに好きな相手に歌を贈りあい、互いの気持ちを確認したところで山を下り、姿を消す場面があります。このとき、男性が求愛した女性に贈り物をする慣わしを「娉《ほう》の財」(娉には「めとる」「召す」などの意味がある)と呼んでおり、これが結納にあたると考えられてきました。

この場面では、今日の結納とは違い、家に贈り物をするのではなく、女性個人を対象にしている点が注目されます。やがて、結納が女性個人を相手にする贈り物ではなく、女性の家を対象とするようになっていったのも、家同士の縁を大切にしようとする日本人の心が大きく影響しているのでしょう。

結納が家と家の縁を深める儀式として重視されるようになったのは、戦国時代から江戸時代にかけての武家社会の世の中です。〝友好平和条約〟の代わりに政略結婚が盛んになった時代でもあり、有力武将の家に娘がいるとなると、ほかの武将はこぞって自分の子息との結婚をもくろみました。

結納は自分の家の格式を形で示す手段となっていき、金品や馬、花嫁の豪華な衣装、帯、装飾品などがとり揃えられるようになりました。やがて、結納品として金品が贈られるようになっていきますが、現在もこれを「帯料」と呼んでいるのは、この時代の名残《なごり》だといわれています。

●諸説ある「結納」の語源

「結納」と呼ばれるようになった起源については諸説語られています。「言い入れ」という婿側から嫁側へ結婚の申し入れをする言葉から、「結納」へと発展したという説。かつて、田植えや稲刈りなどのときに人手を貸し借りすることを「結《ゆい》」と呼んでいたことから、新たな婿あるいは嫁を迎え入れるのは新しい働き手を得ることを意味するとして、「結納」となったという説など、さまざまです。

なかでも興味深い説に、婿側が嫁側の血縁結社《けつえんけっしゃ》に入れてもらうパスポート代わりの品物が結納だったというものがあります。結納の「結」とは結社を意味し、縁を結ぶというよりも、嫁側の結社に入るための必要不可欠な儀式だったというものです。じっさい、婿入りするさい、酒肴《しゅこう》を持参したことから結納が始まったと言い伝えられている地域は日本全国にあります。いわば、〝マスオさん状態〟になる婿の男性が、嫁家へ「どうぞよろしく」と貢《みつ》ぎ物を持参した行為が結納の起源だというのです。現在も結納が婿側から嫁側の家に贈られるのは、この風習に起因しているといわれるのも合点がいくところです。

いずれにせよ、新妻となる女性ひとりを対象とすることなく、相手の家と新たな血縁関係を結ぶことを重視する日本人古来の心が、結納という形を発展させ、現代まで継承されてきたことは間違いのないところです。

結納の習慣は、最近では省略されるケースも増えてきました。時代の流れとともに、家と家との結びつきが一部の家を除いてそれほど重視されなくなったのにともなうように、結納という儀式も簡素化あるいは省略されるようになってきたのでしょう。

最近、日本でも離婚率が欧米諸国並みに高まっています。厚生労働省の発表した統計調査によると、平成元年から成婚率は上昇しておらず、反対に離婚率は上昇し続け、平成一〇年（一九九八）には二四万三〇〇〇件と明治三二年（一八九九）以降最高の離婚成立数が記録されています。現在では、二分三〇秒に一組の夫婦が離婚している計算です。離婚率の急増と、結納の省略化は、相関関係にあるのでしょうか。

何も豪華絢爛《けんらん》たる結納一式を納める必要はありません。しかし、結婚することによって生じる新しい縁を大切にする心を、形で示しているこの習慣、改めて考え直してみるのはけっして悪いことではないでしょう。

花嫁が生家を出る前に「盃を割る」理由 ◉嫁入り

先に離婚率の増加について紹介しましたが、最近の傾向は数の増加だけにとどまりません。離婚にたいする意識も大きく変化してきました。

なかでも女性の意識変化は著《いちじる》しいものがあります。かつては、一方的に離縁を申し伝えられ、途方にくれる立場だった女性ですが、今日では経済的に自立している妻も増えており、「離婚という行為は誤ったことではない」と離婚を許容する割合が増加しています。夫の年金を妻が要求できる法律も整備され、団塊《だんかい》の世代の定年退職が進むこの一～二年後には、さらに離婚は増えるものと予想されているほどです。

離婚は悪いことではない。そんな女性の意識は、かつての日本には存在しなかったものです。その昔、日本の花嫁は嫁入りする日の儀式のひとつとして、生家を出る直前に父母と別れの盃《さかずき》を酌《く》み交《か》わした後、花嫁がその盃を家の玄関、あるいは土間に落として割るという習慣がありました。これも、嫁入りする女性の強い決意を示す意味があったのです。結納以上に、今日では見る機会の少なくなった儀式です。

自分の盃を意図的に割ってしまうその意味合いは何だったのでしょうか。これは「二度とこの盃を使うことはありません」と高らかに宣言したのと同じ意味を有しています。つまり、今後は嫁《とつ》ぎ先の家の人間となりきり、二度とこの家には戻ってきませんという決意のあらわれなのです。

●家と家がつながる重み

かつては、夫となる男性の家に嫁ぎ、夫の姓を名乗ることとは、非常に深い決意を女性に要求するものでした。時には夫とのあいだに波風が立つこともあるでしょう。しかし、そんななかでも我慢をして、良き家庭を築くよう努力する。そんな使命が新妻となる女性には求められていたのです。

これは、単純に男と女が好き合ったから一緒に暮らすという、シンプルな構図だけで結婚が成り立っていたわけではないことを意味しています。結納同様、結婚とは家と家との新たな縁の結びつきが生まれたことを物語っており、この縁を大切に育まなければならないという考えが根底にはあります。

離婚はそんな縁を破壊する行為となってしまいます。そんな縁を壊すのを謹《つつし》むことを女性の肝《きも》に銘《めい》じさせ、不退転の決意で夫の家へと嫁ぐことを表現する儀式が、盃を割るという行為の奥には秘められていたのです。

家を新築する時に「餅」を撒く理由◉棟上げ

古来、日本人には家の格や伝統を重んじ、結婚によって生じる新しい縁を大切に育もうとする伝統がありました。さらに縁を大切に育むという心は、家同士のあいだだけに生まれていたわけではなく、自分が暮らす地域における「地縁《ちえん》」を大切にしようという心もあったのです。

現在も、地方では「五軒組」など近所同士でグループを組み、防犯をはじめとする行事に取り組むなどの活動が行なわれています。しかし、現在の活動がどこか便宜《べんぎ》的であり、必要に迫《せま》られての行動であるのにたいし、かつての地縁を大切にしようとする日本人の心は、もっと奥深い心から発せられ、行動でも示されていました。

そんな奥深さを感じさせるのが、家を新築するさいに行なわれていた餅を撒《ま》くふるまいです。今日では地方でもあまり見られなくなった儀式ですが、昭和四〇年代までは、一般的に行なわれていました。

餅を撒くのは棟上《むねあ》げが完了した後。棟上げとは、それまで住んでいた家を解体し、新しい家の骨組みができあがったときのことを指します。今日では家を新築するといっても、家の解体と棟上げは、すべて建設会社まかせというケースがほとんどですが、かつては大工の人々だけではなく、近所の男性たちが集まって家の解体と棟上げを一日で行なってしまうことは珍しくはありませんでした。

ちなみに、手伝いに馳《は》せ参じた主婦たちは、炊き出しの担当。午前中に解体を終え、そこで炊き出しの昼食を食べます。午後には木材が搬入され、新築の家の骨組みを行なっていくのが常でした。とくに地方では、昔は自宅に囲炉裏《いろり》のある家がほとんどだったこともあって、解体を終える頃の男性陣は煤《すす》だらけになったものです。

●「福」の象徴とされていた餅

家の骨組みが完成し、棟上げが無事に終わる頃になると、家の周りに近所の人々が集まってきます。そこで棟上げした家の骨組みの上に建築主である家の主や大工が上り、餅や団子を撒くのです。地方によっても異なりますが、餅は縁起をかついで紅白に色づけされていたり、撒かれるものには、「ご縁を大切にする」という意味合いから、五円玉が含まれていることもありました。

餅は「福」の象徴とされました。福をばら撒き、それを近所の人に拾ってもらうことで、家主は幸福のおすそ分けをしていたというわけです。また、特定の対象者に手渡すのではなく、不特定多数の人に分け隔《へだ》てなく撒くことで、近所との地縁を深める効能も期待しました。福を形に変えた餅をばら撒いた瞬間に、撒いた建築主と餅(福)との関係は切れてしまいますが、それを近所の人に拾ってもらうことでふたたび意味をもち、福が安定すると考えたのです。

このように、餅を撒くことによって、特定の人を対象とした贈答品の意味合いを超え、家およびその家に今後暮らす自分の家族の将来を幸福に満ちたものにすることができます。同時に、近所の地縁を深めることにもなります。幾重《いくえ》にも家の将来を考慮した奥深い思案

「餅撒き」には、近所との縁を深める意味がある

がこの行為には含まれているのです。

また、この餅撒きは、家を建てるということが、当時の一家の主にとっては一大事業だったことも示しています。

近所の人々は餅を拾うことで、建築主が成し遂げた家の新築を祝うとともに、幸福を共有しようとしました。とくに地方においては、現代のように新築の家を建てているあいだは、代わりのアパートを借りるということは珍しいケースでした。近所の家の長屋を仮住まいとして借りたり、空いている部屋を間借りしながら、家の完成を待ったのです。その間、近所の家は何かにつけて世話を焼き、関係を深めていきました。

家を新築するだけで、これだけの関係を近所で深めることができる。現代の都会のマンション暮らしでは想像もつかないことかもしれませんが、縁を大切に考える日本人は、家を建てるだけで深い関係を築いていたのです。

仲間入りするための大切な作法だった ◉引っ越しそば

地縁を大切にしようとするふるまいは、棟上げのさいに行なう餅撒き以外にも数多く存在します。引っ越しをしたさいにご近所に配る引っ越しそばも、そんな習慣のひとつです。

引っ越しそばというと、引っ越しが無事に終わったことを祝うための、縁起物の食べ物と早合点してしまっている人が少なくありません。しかし、本来引っ越しそばとは自分たちが食べるものではなく、引っ越した先の近所の家々に配るものなのです。

この引っ越しそばの由来は、そばを近所に配ることによって、その地域に属する一員としての仲間入りをさせてもらうための縁結びの役割を果たす行為でした。

ボーダーレス化が進み、地域間の垣根がなくなりつつあるどころか、世界中との情報交換も瞬時にできるようになった現代社会では想像しにくいかもしれませんが、はるか昔は日本国内でさえ交流がままならない時代がありました。遠くへ足を延ばす交通手段にも事欠いていたのですから、無理もないところです。

この時代、家族という血縁のグループのほか、人々を結びつけていたのは村という共同体でした。つまり同じ地域に暮らしているという地縁です。

「村」という言葉が、「ムレ＝群れ」を由来としていることからもわかるように、村という共同体で人々は交流し、互いの信頼を築き上げることで、家族という単位の暮らしを安全で快適なものにしようとしていました。

しかし、そのぶん外部の人たちとは疎遠で閉鎖的な社会が生じていきます。そんな村に、ほかの地域からやって来て定住しようとする人は、困難に直面することになります。何しろ村の人たちは連帯意識が強いので、自分はよそ者扱いされてしまうからです。

引っ越しをした当初ならまだしも、いつまでもよそ者扱いされるのは辛《つら》いものです。そんな事態を避けるためには、村という共同体への仲間入りを果たすための儀式が必要となってきます。それが引っ越しそばを配るというふるまいだったのです。

引っ越しそばを受け取ることで、村の人々は引っ越してきた家の人々を仲間として認知し、自分たちの輪のなかに入ることを認めていきました。そばが引っ越しの挨拶の品として選ばれたのは、そばがご飯よりも長いため「末永くよろしく」という挨拶が込められていると解釈されたからです。長じて、そばのように細く長く幸福になることを念じて、一年の終わりにそばを食べるのは、「年越しそば」として、今も多くの日本人が習慣とするようになっていきました。

●「そば」以外にもある引っ越しの風習

村という共同体に入会するセレモニー。それがそばを配るという行為の源《みなもと》ですが、地域によってはそば以外のものを配ったり、ほかの儀式を行なう風習が残っているところもあります。その一例が、静岡県東部の農村に残っている「屋移り粥《やうつりがゆ》」です。

これはお粥を作り、引っ越し先の新居へと行列を作りながら練り歩き、このお粥を食べるだけではなく、新居にふりかけるという習慣です。これにより、いち早く新居になじむことができると信じられています。

じつは、お粥を配るという習慣は引っ越しそばよりも古く、中世の時代には広まっていたといわれており、それが江戸時代になって江戸を中心に引っ越しそばへと変化したと考えられています。ちなみに、同じ江戸時代の大坂では、そばではなく「付け木《つぎ》」が引っ越しのさいに近所へ配られていました。付け木とは、ヒノキや松などの薄い木片の端に硫黄《いおう》を塗《ぬ》り、火を付け移すさいに使う道具です。

これも、新しい共同体に仲間入りしたことを象徴する品といえ、円滑な地縁関係を望む心を付け木にたとえようとする心理が働いたものだといえるでしょう。

新しい近所づき合いを始めるのにあたり、円滑に縁を結ぶために贈る品は、地域性こそありますが、いずれも品物のもつ意味と深い地縁関係を結ぶことを引っ掛けた一品を選んでいることがわかります。これも、引っ越し先の地域になじみたいという心を表現した日本人らしいふるまいといえるでしょう。

なぜ、日本人は土産を買うことが好きなのか ◉お土産

日本で育まれた村落共同体として地縁を深くしようとする心は、現代の日本人にもしっかりと受け継がれています。その端的《たんてき》な例として挙げられているのが、旅行における土産物です。

旅行に出ると、多くの日本人は親類だけではなく、隣近所に渡す土産物を買います。土産物を買わないと旅行が結実しないというような、どこか心が落ち着かない気分になる人も少なくありません。

この近所に土産物を買うという習慣は、日本では顕著《けんちょ》に見られますが、これは神道《しんとう》が関係しているためという興味深い指摘があります。

日本では中国から仏教が伝播《でんぱ》し、仏教国家としての歴史を有しています。同時に、民族的な信仰体系として、各地で自然発生的に生まれた神々を信じる宗教、いわゆる神道も発展させてきました。自宅では仏壇を用意し、それぞれの宗派に沿って仏教を信奉《しんぽう》するいっぽう、仏壇の上には神棚を配置し、信じている神社から頂いたお札《ふだ》を飾ってあるのは珍しい光景ではありません。日本には土着的な民族信仰である神道が精神生活を支えてきた歴史があります。

●「お伊勢参り」との深い関係

そんな神道と土産物好きという気質が、なぜ関係あるのでしょうか。それは、土産物がそもそも神社のお札などを意味していたからです。もともと「みやげ」は「土産」ではなく、「宮笥」と書き綴《つづ》りました。この宮笥は、神道上の聖地や神社で入手することができるお守りやお札などを指しています。つまり、本来みやげとは神社に入って、お守りやお札をもらってくることを意味していたのです。

かつて、神道の一大拠点だった伊勢神宮にお参りするのは、今日のように誰もが簡単にできることではありませんでした。とくに、神宮から遠く離れている地域の村人たちにとっては難しいことでした。交通路は整備されていないうえに、金銭的にも多額の費用がかかってしまうからです。

そこで、村人たちはお金を出し合い、伊勢神宮などへのお参りの費用を積み立てていきます。そして、村の代表者にその積立金を託し、代表としてお守りやお札を購入してきてもらったのです。つまり、お参りをした村の代表者には、みやげを村人たちに持ち帰る義務があったわけです。

やがて、多くの参拝者を集める神社では、周辺にみやげもの店が軒《のき》を並べるようになっていきました。みやげとして神社にちなんだ商品や、その地方の土着の特産品などが販売されるようになり、宮笥はいつしか土産物と呼ばれるようになったわけです。

土産物を買うのは、一種の義務のような風習だけが残されたといってもいいかもしれません。そして、旅が誰でも気軽にできるレジャーとなってからも、近所との縁を大切にする村落共同体的な精神は残り、土産物を購入して近所に配ることは、日本人にとっては当たり前のこととなっていったわけです。

お互いの安泰を祝い、さらなる良縁を築く習慣◉お中元・お歳暮

土産物に限らず、日本人は贈り物をするのが好きな国民性であると指摘されます。ある調査によると、日本人の贈答品の種類は三〇種類にも及んでいて、一世帯当たりで見ると、一か月に平均して八回以上の贈り物をしているというのです。

入学祝いや卒業祝いなどの子供の学校に関係する贈り物、お世話になった人へのお礼の贈答品、病気から回復したさいの快気祝いなど、たしかに日常生活には贈り物を贈ったり受け取ったりする機会が想像以上に多いものです。

なかでも、贈り物の代表といえるのが、夏と冬に配るお中元やお歳暮《せいぼ》。日本人の八～九割が、お中元やお歳暮を贈っているといわれており、日本人ならではのふるまいのなかでも大きな比重を占めています。

そのお中元の習慣ですが、夏の季節の挨拶だと勘違いしている人が多いようです。もともと、中元というのは七月一五日という日付を指す言葉。中国の暦《こよみ》から発生したもので、お正月の一五日を上元《じょうげん》、秋の一〇月一五日を下元《かげん》としており、七月一五日の中元と併《あわ》せて「三元」と呼んでいました。

中国の故事によると、中元の七月一五日に生まれた神が、罪を許す神だったことから、この日は贖罪《しょくざい》の日とされ、中国の人々は自身の罪を贖《あがな》おうとして金品を準備する習慣が生まれました。

この習慣が日本にも伝わりました。もともと七月一五日という日は、日本では魂祭《たままつ》りや盂蘭盆《うらぼん》という行事を執《と》り行なう風習がありました。魂祭りは本家から分家した人々が本家に集まったり、他家に嫁入りした女性が実家に戻り、祖先の霊を供養するために品物を持参する行事です。同時に、両親を生きた御霊《みたま》と考え、両親にも品物を贈ることが慣わしとなっていました。

盂蘭盆も同様の贈り物をする行事だったので、中国の三元のうちの中元は、贈り物をする日として、日本人にすんなりと受け入れられました。そして、身内だけでなく、ふだん世話になっている人や感謝の気持ちを伝えたい人にも、贈り物をする習慣へと中元は発展していったのです。

そんな経緯があるので、たとえば誰かに適当にお中元の品を選んでもらい、ただ配ればいいというものではありません。先祖、家族、そして世話になった人へ感謝の気持ちを込めて品物を選び、贈ることで、これまで以上に良い縁が生まれるものと考えてください。

●見直したい「おすそ分け」の心

そのいっぽうで、あまりにも同じ品物をお中元に頂いてしまうこともあり、遠方から頂いた品などは、近所への贈り物として再利用するケースも珍しくはありません。お中元の本来の意義から考えると、あまり褒《ほ》められることではないのかもしれません。しかし、ご近所におすそ分けするという行為も、縁を大切に考える日本人特有のものだといえるでしょう。

おすそ分けとは、「自分の家にやってきた福を分ける」という意味合いが込められています。「お福分け」と呼んでもいいようなものです。これも、我が家に到来した幸福を独り占めするのではなく、近所の人と共有しようという、地縁を大切にした日本人らしい繊細な心配りが感じられます。

今日ではほとんど見かけませんが、昔はおすそ分けする品をお盆や器の上に載せ、布をかけてから配る先へともっていき、渡すさいに布を取り去り差し出すのが礼儀でした。もらった側は、そのお返しとして、お盆や器の上に二枚重ねの半紙を折って載せたり、マッチの箱を載せていました。

これは、おすそ分けしてもらった福を、ふたたび移そうという意味合いを込めたもの。「お移り」と呼ばれています。福を分けていただいたのを喜ぶだけにとどまらず、お返しすることで幸せの共有をより強いものにしようという、日本人独特の優しい感性に満ちた行動です。

ただ、今日ではお返しとして、頂いた家に別の品を贈るほうが現実的な習慣として根付いています。半紙やマッチなどをお返しとして手渡したら、この習慣を知らない相手の家の人は、面食らってしまうかもしれません。

なぜ、抜けた歯を屋根や縁の下に投げるのか ◉子供の歯

幼い頃に、父親に肩車された思い出をもっているという人は多いのではないでしょうか。

背丈が小さいため、人が集まるところで前方がよく見えないと、父親が軽々と体をもち上げてくれました。肩車をしてくれることにより、ぐっと視界が開けたものです。

じつは、この肩車という行為の起源は、親が子供を神聖な存在としてとらえていたことによるものだったといわれています。土を踏ませると、子供が神聖さを保つことができないと考えたからだというのです。

両親が子供を授《さず》かったことを喜び、子供を「神様からの授かりもの」と表現するのも、子供が特別な存在であることを示しています。そんな考え方が子供と神仏との接点を見出《みいだ》したのでしょう。授かりものである我が子は神聖であるという考えが、肩車という行為で表現されていたのです。

この肩車をすることで子に土を踏ませず、神聖さを保つという考えは、日本だけではなく世界の各地で信じられています。しかし、子供の成長過程で起こる出来事のなかには、お国柄が出るものも存在します。そのひとつが、子供の乳歯《にゅうし》が抜けたときの対応です。

日本では、子供の乳歯が抜けると、抜けた歯を家の縁の下や屋根の上に投げる習慣があります。たいていの地域では、抜けたのが上の歯の場合は縁の下、下の歯なら屋根の上へと投げ捨てています。上の歯を縁の下へ、下の歯を屋根の上へと投げ捨てるのは、つぎに生えてくる永久歯の方向を意識したからだといわれています。

●生え替わる歯を「ネズミ」にたとえた理由

それにしても、歯を投げ捨てる場所として、屋根の上や縁の下が選ばれたのはなぜでしょうか。これは、体から抜け落ちた歯を、目には見えにくい空間に送り出すためだったと考えられます。

目に見えない空間に送り出すことは、歯を大切に扱ってきたことの証明になると日本の人々は考えました。すでに使命を終えた乳歯にも、感謝の念を贈ることで、新たに生え替わる永久歯が良い歯として生えてくる……そんな良い行ないの連鎖が起こることを信じる心が、乳歯を屋根や縁の下に投げ捨てるという習慣に結びついたのです。

また、投げるさいに、丈夫な歯が生えてくるよう唱えるのも一般的です。多くの地域では、「ネズミの歯と替えてくれ」「鬼の歯と替えてくれ」という一節を呪文として唱えています。

なぜ、子供の生え替わってくる永久歯を、ネズミや鬼の歯にたとえたのでしょう。これにはいくつかの説があります。

ひとつは、昔は一般の庶民や農民たちは硬いものを食べなければならなかったから、とする説。物資がそれほど豊かではなかったこともあり、炒《い》り豆や魚の骨までをしっかりと噛《か》み砕かなければ、当時の日本人は栄養素を補給できませんでした。

そのためには丈夫な歯をもっていることが不可欠です。そこで、岩をも砕いてしまうような鬼の歯、板をかじってしまうほど丈夫なネズミの歯のような永久歯へと生え替わることを願った、という説です。

別の説には、昔の人がネズミに神霊がもつような力があると信じていたことが関係しているというものがあります。「大黒様のお使い」と信じられていたネズミのような、神がかった丈夫な歯に生まれ変わってほしいと願ったというのです。

いずれにしても、これまでの役割を果たしてくれた乳歯への感謝の気持ちの表現として、そして新たな使命を背負って生えてくる永久歯の活躍を祈って、目には見えない力が良い影響を及ぼすことを願い、乳歯を投げ捨てるという習慣が生まれたようです。

海外でも、抜けた乳歯に塩をふり、暖炉《だんろ》で燃やすという習慣がありました。乳歯を燃やすのは、抜けた歯が動物に食べられると、新しく生えてくる永久歯がその動物の歯に似てしまうと信じられていて、それを避けるためだったと考えられています。

そのいっぽうで、欧米では歯の妖精が存在しているというおとぎ話があります。抜けた乳歯をボックスにひと晩入れておくと、妖精がその乳歯をコインに換えてくれるという伝説があり、抜けた乳歯を入れておく「フェアリー・トゥース・ボックス」というグッズまで作られました。現在、アンティークとなっているこのボックスは、日本でも人気の商品となりつつあり、子供の抜けた乳歯を入れておこうと買い求める母親が多いそうです。見えない神々の存在に感謝する日本の乳歯にたいする気持ちと、コインに換えてもらうというおとぎ話。ちょっと対照的な乳歯への思いといえるかもしれません。

なぜ、女性の毛が「お守り」とされたのか ◉縁起物

人間には、どれほど叡智《えいち》を尽くしたところで、どうにもならない運命がある……、これは、とくに大自然を相手に仕事をしている人たちや、勝負の世界で生計を立てている人なら経験的に理解していることです。

いくら天気予報が発達した現代とはいえ、台風が毎年やってくる日本列島で農業を営んでいる人は、せっかく大切に育てた作物が全滅してしまうことを何度も体験しています。

また、プロ野球の投手が打者に完全に投げ勝って平凡なゴロに打ち取ったのに、捕球しようとした瞬間に打球がイレギュラーバウンドしてしまい、決勝点を奪われてしまう、ということも私たちはしばしば目にします。

世界の人々にも共通していることですが、自分の力では及ぶことができない「運命の神様」のような存在にたいして、私たちは古くから畏敬の念を抱くとともに、今後も自身の運命が平穏《へいおん》で安らかであること、仕事などが順調に運ぶことを望み、守ってもらおうと考えました。具体的な教義などはありませんが、運命を左右する聖なる神という存在との良い縁を保ちたいという思いです。

●女性の神秘的な力を信じた男たち

そんな目には見えない神という存在と自分を結ぶものが「縁起物」でした。市場経済ではまったく価値のないものにたいして、人々は特別な意味を見出し、縁起物として携《たずさ》えたり、商売道具につけたりしてきました。

たとえば、漁業を生業《なりわい》としている漁師たち。彼らは、豊漁かどうか、海が荒れるかどうかなどは、神のみぞ知るという条件のなか、大海に出帆しひたすら魚を追い求めて船を進めます。そこで、無事に出港した港に帰ってくること、そして大量の魚が獲《と》れることを願い、船体にお札を貼ったり、神棚を設置したりします。また、ある地方の漁師は、「船霊様《ふなだま》」と呼ぶご神体を船に設置しています。さらには豊漁を願う五穀や六文銭、運の良さを願うサイコロなどとともに、女性の髪の毛をもご神体とし、船の機関室の柱などに取り付けている船もあります。

なぜ、女性の髪の毛をご神体の一部としたのでしょうか。これは、海で働く男性にとって、女性は男たちが持ち得ることのない生殖能力をもっており、それが神秘的な力を生み出すのだと考えていたことが理由のようです。

それゆえ、単純に女性の髪の毛を用意すればいいとは考えなかったようです。なかには、初潮前の無垢《むく》な女性の髪の毛でなければならないと考える船もあれば、閉経後の老婆の髪の毛を用意するという船もあります。いずれにしても、女性の神秘の力にあやかり、海における豊漁と安全との縁結びをしてもらおうと考えたのです。

海の男たちばかりではありません。たとえばバクチで生計をたてる男たちのあいだでも、妻や恋人の毛を賭け事の守り神として、洋服のポケットなどに忍ばせているケースがあります。これも定理のないギャンブルにおいて運を呼び込み、勝利の女神との縁結びを女性の毛に託そうとする思いがあったことが関係しています。

ただし、この場合の女性の毛とは陰毛であることが必須でした。しかも、数にまでこだわり、陰毛を三本身に着けていると運がつくと信じられています。

女性のみが造れる神への捧げ物だった◉お酒

古来、日本の男性は女性にたいし、男性上位の社会を形成しながらも、自分たち男性にはない独自の能力があることを暗に認めてきました。それがご神体として髪の毛を崇《あが》めたりする源となっていったのですが、いわば形のない神と人間のあいだに位置する不可思議な存在として女性をとらえていた節がありました。

たとえば、神様を祭る儀式のさい、男性たちにとって欠かすことのできない酒や謡《うたい》といったものでも女性が重要な役割を担《にな》っていたのです。

酒盛りというと、現在では会社帰りや花見のときなど、日常的に親しい人たちとお酒を酌み交わしています。しかし、もとは祭りなどのときに、厳粛《げんしゅく》な雰囲気のなかで行なわれる儀式でした。酒は神に捧げられる飲み物であり、盃を回して酒を飲むたびに謡をうたいました。現在も酒盛りのことを「宴《うたげ》」と形容することがありますが、語源はこの酒を飲むさいの謡にあります。

そして、酒を飲み終えた盃は、五層に重ねられていくのが決まりでした。この五層の各層を「五献」と呼んでいましたが、各献にはそれぞれ異なる酒の肴《さかな》を見立てるのが正式な作法とされていました。ちなみに、この異なる酒の肴を見立てることを語源とする言葉が「献立《こんだて》」です。

●なぜ、男性はお酒を造れなかったのか

そんな神への捧げ物でもあった酒を造るのは、じつは女性の役割とされていました。今日の日本の酒蔵《さかぐら》では、女性が蔵に入るのを嫌う風潮が残されていますので、対照的なことだったといえます。やはり、女性に男性とは異なる特殊な神との媒介《ばいかい》能力を見出していたことが、神への捧げ物である酒を造らせた原因だったのでしょう。

当時の酒を発酵させる方法は、今日のように米麹《こめこうじ》を使った近代的なものではありません。米を噛み砕き、それをツボに吐き出すという方法がとられていました。米のでんぷん質は、唾液《だえき》に含まれるアミラーゼ（消化酵素）によって分解され、ぶどう糖に変化します。このぶ

どう糖に空気中に浮遊している自然の酵母《こうぼ》が加わることで、アルコール発酵を起こし、酒に変化していったのです。

現在、飲み屋の女主人を「おかみさん」と呼んだり、妻のことを「うちのかみさん」と呼ぶ人がいますが、おかみさんという女性の名称の語源は、この米を噛んで酒を醸《かも》していたことに由来するという説があります。

現在では宴会を催《もよお》し、酒を飲む習慣は日常的なものになっています。しかし、本来の酒がもっている意味、そして女性の重要な役割を考慮すれば、酔った勢いで女性に絡む行動などは、慎《つつし》むべき行為だということがおのずとわかるはずです。

大切な人を迎えるときに玄関に〝砂〟を盛る ◉盛り塩

落ち着いた風情《ふぜい》を醸し出している白壁に、品格のある格子戸をくぐり抜けて玄関へと続く道……。懐石《かいせき》料理を堪能《たんのう》できるこうした雰囲気の料亭などを訪れると、どこか心が落ち着き、凛《りん》とした姿勢になるから不思議なものです。

このような料亭だけでなく、一般の飲食店の軒先には、ひとにぎりの塩が盛られている風景をよく目にします。注意してみると、飲食店だけではなく、一般のオフィスビルや西洋式のホテルなどでも、この盛り塩を見かけることがあるはずです。

この盛り塩も、お客様との縁を大切にしようという心映えを表現する方法として、現代に伝承された和のもてなしです。

盛り塩の起源をたどっていくと、塩ではなく砂を使った「盛り砂」に行きつきます。平安時代の頃、貴人を迎えるとき、あるいは何らかの儀式を執り行なうときに、車寄せの左右に砂を盛ったことが習慣となっていったことから始まったとされています。

車寄せといっても、もちろん自動車があったわけではありません。当時は牛車《ぎっしゃ》が交通手段でした。牛の首の後ろに「くびき」と呼ばれる横木を渡し、牛を制御していたのです。さらに牛車の輿《こし》には「ながえ」と呼ばれる棒があり、これらの道具を盛り砂にもたせかけるようになっていました。

つまり、盛り砂は今私たちが目にする盛り塩のように、縁起物という意味合いではなく、最初は実用的なものとして利用されていたことになります。やがて、貴人だけでなく、客人を迎えるための縁起物となっていき、砂が塩へと変化していきました。

●始まりは側室の奇抜なアイデアだった?!

盛り塩の起源には別の説も存在します。それは、中国の故事からきているという説です。かつて、中国の皇帝は数多く配していた側室《そくしつ》の家を夜ごと回るため、牛車に乗って出かけていました。しかし、たくさんの側室の家を訪れるのは体力的にも大変なこと。側室たちには、自分の家へはなかなか訪れてくれないのではという不安が生じました。そこで、ある側室が牛の好物である塩を、家の入り口に盛っておけば、牛が自分の家の前で足を止め動かなくなるだろう、そうすれば皇帝も自分の家に寄ってくれるはず……というアイデアを思いつき、塩を盛ったというのです。

そのほかにも、清めに用いるために塩を盛ったという説があります。その当時、塩は大変貴重なものでした。そんな貴重な塩を盛ることによって、客寄せの縁起かつぎになると考えるようになり、いつしか盛り塩の習慣が生まれたというのが「お清め説」です。

いずれの説が正しいとしても、塩を美しく盛りつけた店の入り口の風景は、どこか清潔感に満ちていて、店に入る前から店内や従業員の質が高いように感じさせてくれるから不思議なものです。食を生業とするプロの職人の心意気や、お客様を迎えることで結ばれる縁を大切にしようという気持ちを示しているかのようでもあります。

実用的だったのか、それともちょっとした策略だったのか、真偽のほどはたしかではありませんが、日本人はいつしかこの盛り塩を、より高いレベルでの演出効果を与えるようにアレンジしていったのです。

「熊手」が商売繁盛のシンボルとなった理由 ◉酉の市

これまで日本人は縁起物を大切にしてきたと、「縁起物」という言葉を何気なく使って紹介してきましたが、そもそも「縁起物」とはどういう意味なのでしょうか。

「縁起」という言葉の意味は、「吉凶《きっきょう》の前兆」。ですから、吉を招き入れるために、縁起の良さを祝う品物が縁起物ということになります。

同時に、縁起には「物事の起こり」という意味もあります。そこで、社寺や歴史の出来事になぞらえて、言葉のゴロなどで吉を招き寄せることができる品を、縁起の良い品として選ぶようにもなっています。その典型的な例といえるのが、酉《とり》の市《いち》で人気を呼ぶ縁起物の熊手です。

酉の市は、関東地方、とりわけ東京の神社でとくに賑《にぎ》わいを見せる旧暦の一一月の酉の日に催される大鳥《おおとり》神社の祭りのこと。大鳥神社本社は大阪の堺市にありますが、分社が東京とその周辺に多いこともあり、今では東京の冬の風物詩となっています。なかでも、浅草の鷲《おおとり》神社は、「浅草のお酉様」として知名度も高く、大勢の人で賑わいます。

この大鳥神社は、江戸時代に商売繁盛の神様と考えられるようになりました。しかし、もともとは武家の神を祭る神社でした。

●武家から商人の縁起物へ

平安時代のことです。当時、武家の代表格として頭角をあらわしていた源義家が反乱軍を征討するために軍を率いて東北へ向かいました。簡単に勝利できると予想していたものの、思わぬ苦戦を強《し》いられた義家は、京都にいた弟の義光に援軍の派遣を要請します。

義光は大軍を率いて東北へと向かいますが、途中で道に迷ってしまいます。このとき、義光は近くで見つけた祠《ほこら》で勝利を祈願するとともに、帰路で道に迷わないように竿《さお》に金銀の箔《はく》を押した扇をつけて、祠に差して道標としました。

祠での戦勝祈願が天に通じたのか、義光が応援に駆けつけた源軍は快勝します。意気揚揚と京都への帰路につこうとした義光が同じ祠の前を通りかかったところ、扇はボロボロになり、竹の骨が反《そ》り返っていました。しかし、その扇を見た近所の農民たちは、勝利をもたらした扇にあやかって農工具をつくりだしました。それが熊手です。のちに、武家の神様を祭ることになった大鳥神社では、この逸話《いつわ》をもとに、縁起物として熊手が売られるようになっていったのです。

それが、江戸時代になると商売繁盛の神へと変身していきます。浅草の鷲神社の祭礼が催されると、熊手をはじめとして農具や日用品が売られる市が賑わいを見せるようになりました。なかでも熊手は縁起物であることもあり、飛ぶように売れました。

すると、熊手を売っていた商売人やお参りにきていた商売人たちは、縁起物である熊手に語呂合わせをして自分たちと結びつけるようになります。酉の市の「酉」は、「金を取り込む」ことができる市とかけました。そして、「熊手で金や福をかき集めることができる」と、商売人の縁起物としていったのです。

これが、現在の酉の市の熊手人気へとつながりました。今では、熊手にお多福や千両箱がつけられて、より商売繁盛を願う縁起物の代表格となっています。

言葉の語呂や、物の形状から連想して縁起の良さを象徴する縁起物を創造し、伝承していく。日本人にはそんな遊び心と創意工夫を施《ほどこ》す、粋《いき》な心も存在しているのです。

子供の遊びにも「縁」を持ち込んだ日本人◉エンガチョ

人と人との縁を大切に考えてふるまう日本人の感性は、子供の遊びの場にも持ち込まれています。子供の頃、汚いものを踏みつけた友人にたいし、「エンガチョ」とはやし立ててからかった経験をもつ人は多いのではないでしょうか。

このエンガチョは、関東地方に多く見うけられる遊びでした。鬼ごっこの変形版ともいえる遊びで、最初に「エンガチョ」とはやし立てられた子供がほかの子供にタッチすると、エンガチョの対象が移っていきます。

しかし、タッチされる前に両手の親指と人さし指で鎖《くさり》の形をつくり、誰かに「エンキッタ」と言いながら、指で鎖を切ってもらうと、追ってきた「エンガチョ」の子との縁切りが成立し、エンガチョになることを避けることができるというルールがあります。

●「大人の遊び」が発展していった

エンガチョを防ぐ指のしぐさは、地方によって微妙に異なります。ある地方のように、

「エンガチョ」にも、縁を重んじる心が表れている

人さし指と中指で×を作るように交差させているところがあるかと思うと、両手の人さし指の先をつけるというポーズもあるなど、いろいろです。

エンガチョという遊びの起源は意外に古く、平安時代の『平安物語絵詞』には、エンガチョを連想させるポーズで遊ぶ貴族の様子が描かれています。これがエンガチョだとすると、当時は大人の立派な遊びだったといえます。

考えてみると、ひとりを「エンガチョ」としてのけ者にするわけですから、残酷な遊びということができるかもしれません。最近の子供たちがエンガチョと叫びながら遊ぶ姿を見る機会が減ったのも、学校がいじめを助長するという理由で推奨《すいしょう》する遊びからは除外されたのかもしれません。

いずれにしても、エンガチョという遊びは縁を大切にする共同体的なグループ入りを目指し、縁を結ぼうとする遊びといえ、子供の遊びにも縁を重視する日本人の心が反映されていたといえるでしょう。

なぜ、進物には
わざわざ飾りを施すのか ◉水引・のし

若い人のなかには、「水引《みずひき》」と聞いてもピンとこない人がいるかもしれません。でも、進物の包み紙などにかける、紅白や金銀の色のついた細い「こより」のようなものといえば、日本人なら誰でも思い浮かべることができるはずです。あるいは、友人の結婚式の祝い金を包む袋にかけられているこよりを思い浮かべていただけばわかるでしょう。それほど私たち日本人は、水引をひんぱんに目にしています。

祝い事のさいには紅白あるいは金銀の色合いを、凶事などのさいは黒白あるいは藍白などの色が用いられています。

もらうほうはあまり気になりませんが、贈る側に立ったさいには「なぜ、わざわざ水引を施した物を用意しなければいけないのだろう」と、ひと手間の配慮が必要な水引に面倒な思いをする人がいるかもしれません。しかし、この水引も典型的な人との縁を大切にしようという和のこころが反映されたものです。

水引の起源は平安時代にまでさかのぼります。この時代をリードしていた貴族たちの遊びのひとつに、船に乗ることがありました。船は御座船と呼ばれていましたが、貴族たちは船に絹などの白い布を張りめぐらせて風雅《ふうが》を楽しみました。このとき、白い布は風になびいて水面に落ち、水を引くように流れていました。こよりが、この水面を流れる布を連想させることから、水引と呼ばれるようになったのです。

水引が日本で正式な贈答の儀礼の印となったのは、室町時代からだといわれています。進物する品に白い紙をかけ、水引で結んでから「のし」をつけるのが贈答における正式な儀礼となります。

●「結び目」に込められている願いとは

それでは、水引にはどんな意味があるのでしょうか。それは、日本人が昔から抱いてきた「ひもを結ぶ」ことにたいする一種の信仰のようなものと関係しています。こよりを結ぶことによって、自分の抱いている思いが結び目に宿ると信じたのです。そして、進物品に水引をかけることで、自分の思いを贈答する相手に運んでくれると考えたのです。つまり、気持ちを込めた贈り物であることを象徴する形として、水引を施すようになったわけです。

結び目に自分の抱いている思いがこもると信じたのですから、その形にもこだわりが生まれていきます。やがて、結び目は一定の法則をもっていきます。祝い事や日常の贈り物など、何度贈ってもおめでたい場合の水引の結び目は、蝶々のような結び目になる「蝶結び」や大きな輪になるように結ぶ「両輪結び」が良いとされています。結び直しができることが、何度あってもうれしい祝い事であることを意味しています。

いっぽう、弔事などは二度とあってほしくない気持ちを示す結び方をすることが大切と考えられました。そのため、結び方の基本は二度と結び直すことができない形が適当だとされました。「結び切り」や「あわびきり」などがその代表的な結び方です。

縁を大切に思う和の心配りは、水引だけにとどまりません。祝い事の進物には、水引で結んだ包装紙の右上に、さらに「のし」を添えることが習慣化していきます。

のしの語源には、アワビが関係しています。平安時代からアワビは高貴な品とされて珍重されてきました。そのアワビを包装紙の右上に添えることで、お祝いの品に込めた気持ちを表現したのです。最初は生のアワビが利用されていましたが、やがてアワビを乾燥させて伸ばしたノシアワビで代用されるようになります。

やがて、ノシアワビから海藻を短冊状にのしたもの、紙片、そして今日の印刷物へと簡略化されていくのですが、ノシアワビの「のし」という事象だけが残り、今ものしと呼ばれているのです。

もうひとつ、進物や祝儀袋で見られる和の心配りといえば、袋が白い色であることです。白い紙で包むことは、中身が清いことを意味しています。そのうえ、下界の汚れたものの侵入を、清い白の紙で包むことで防ぐ意味もあります。今と違って白い紙は貴重品。そんな貴重なもので中身を包むことで、贈り物に心を込めたことを表現していました。

二重にも三重にも、特別な心を込めていることを表現したもの。それが水引であり、のしであり、包装紙だったのです。今はすべてにわたって印刷物を利用する機会が増えていますが、本来の意味合いを理解したうえで贈り物に利用するようにしたいものです。

三章

伝統を愛し、礼を重んじる心から生まれるふるまい

「頭を下げる」動作に隠されている〝思い〟とは ◉おじぎ

日本人は、古来より謙譲を美徳としてきました。へりくだって相手を立て、控えめであることが礼儀にかなった立ち居ふるまいとされたのです。

深々と頭を下げて丁寧に挨拶をする所作は、そのような和の心を象徴するものともいえるでしょう。奥ゆかしさを絵に描いたような姿は、今も多くの人々に好感をもたれます。合理性を優先して古いしきたりを面倒だと思っている人でも、気持ちのこもった丁重な挨拶を受けて、心が洗われたように感じることがあるはずです。

今時の若い人たちにしても、そのような挨拶の裏に込められた気持ちは感じ取ることができるでしょう。正しい礼儀作法が忘れられかけているように見えても、長い歳月を超えて受け継がれてきた美徳や美意識は、心のどこか奥深いところに伝わっているのかもしれません。

最近ではあまり聞かれなくなりましたが、かつては奥ゆかしい女性を表現するのに「三つ指をつく」という言い方がよく使われたものです。「三つ指をついて挨拶するような女性」

といえば、正しい礼儀作法を身につけた慎《つつし》み深い女性であり、お嫁さん候補としても好まれました。

さすがに現在では、夫の帰宅を三つ指ついて迎える妻というのはいなくなりましたし、当然のことながら夫に従属するような図式に抵抗を感じる人が多いでしょう。

ただ、男性、とくに夫にたいしてというのではなく、相手を立て、敬意を示すさいに、三つ指をついて挨拶をするという心は大切にしてもいいのではないでしょうか。

そもそも、三つ指をつく挨拶は、省略形というべきもの。和室に座った姿勢での伝統にのっとったおじぎは「拝《はい》」といって、両手を膝の前について頭を下げます。両手の人さし指と親指でひし形を作るようにして手のひらをつき、そこに鼻が入るようにして深々と頭を下げるのが正しいやり方です。

しかし、そのような格好のままでは話しにくいことは容易に想像がつくでしょう。声がくぐもってしまうし、相手の顔が見えないので様子をうかがうこともできません。このため、拝の姿勢で話すときには、手をついたまま顔を少しもち上げることになりますが、これはかなり厳しい体勢です。

そこで生まれたのが、三つ指をつく挨拶の仕方です。意外なことに貞淑《ていしゅく》な妻などではなく、遊女が座敷での挨拶として考え出したといわれています。花嫁が装うことでおなじみの高島田や文金高島田のような髪形はとても重いので、拝をすると前のめりになりかねません。あまり無理のない姿勢で挨拶をするには、三つ指をつく方法がぴったりだったというわけです。

このおじぎの仕方は省略形とはいえ、基本はふまえているので、今でも丁寧な挨拶として認められています。

「三つ指をつく」ことで、
無理のない姿勢での挨拶に

●「敬意」と「無抵抗」を表している

おじぎは敬意をあらわす動作ですが、もともとは敵意がないことを伝える表現でもありました。頭は人間にとってもっとも大切な部分です。その頭を下げることにより、無抵抗の状態を示すことになります。

おじぎの歴史は非常に古く、『魏志倭人伝《ぎしわじんでん》』にも登場しています。三世紀頃の邪馬台国《やまたいこく》において、日本人は貴人と出会うと地面にひざまずいて頭を下げていた、という記述があるのです。

また、テレビの時代劇のなかで、殿様が通りかかると農民たちが道にひれふす姿を見たことがあるでしょう。身分制が絶対とされた時代は、支配層の前ではひざまずいて頭を下げることが求められました。そうしなければ「頭《ず》が高い！」と、命さえ奪われかねなかったのです。

ですから、室内でのおじぎは、同じ身分の者同士で行なわれたものでした。身分が変わらなくても、頭を下げ合い、相手を立てて敬意を示したのです。欧米の握手や頬へのキスとくらべてみると、日本人がいかに奥ゆかしく慎《つつ》ましいかを物語っているといえるのではないでしょうか。

女性の装いの変化が礼儀作法へとつながった◉正座

和室というと、今ではソファ類を持ち込み、そこにゆったりと腰かけて過ごす人も少なくありません。しかし、基本的には座布団を敷いて、そこに座るという形式の部屋づくりになっています。

そのさいの正式な座り方の作法というと、やはり正座ということになるでしょう。正座は日本特有の座り方として、現代に受け継がれてきた作法のひとつです。洋風の住空間とその空間にマッチした生活様式に慣れた現代では、正座を苦手とする人が増えています。

しかし、自分だけの都合で物事は進みません。お得意様を接待するとき、恋人の両親の家に挨拶にうかがったときなど、和室で挨拶をしなければいけないさいに、最初から膝を崩して座るわけにもいきません。最初からきちんと正座をしないであぐらをかいた姿勢でいようものなら、相手に「あいつは何て失礼で礼儀を知らない奴だ」と、はなから評価は下がり、相手にされなくなってしまいます。

目上の人の家を訪問したさいなどは、相手が膝を崩すまできちんとした姿勢で正座を続けるのが日本人としての礼儀作法です。また、相手がたとえ膝を崩したとしても、待っていましたとばかりに自分も膝を崩すようではいけません。相手に「どうぞ、膝を崩して楽にしてください」というひと言をかけてもらうまで、たとえ足がしびれてきたとしても、涼しい顔をして正座を続けるのが作法だと心得ておきたいものです。

そんな正座という姿勢ですが、興味深いことに最初から礼儀作法にかなった座り方として、日本人のあいだに浸透したものではありませんでした。それどころか、公《おおやけ》の席で正座をするべきだという決まりはまったくありませんでした。

これは平安時代、宮廷勤めをしていた女官たちも同様でした。彼女たちは皇族と接するときにもあぐらをかいて、片膝を立てて話をしていたのです。着物姿なのに、そんな姿勢がとれたのかという疑問が生じるかもしれませんが、当時の着物は現在のものよりも身幅が広いため、あぐらをかいても股間が露《あら》わになってしまうという心配をする必要もなかったのです。

正座が普及し始めるのは、室町時代に入ってから。家屋に書院造りが普及し、畳が敷きつめられるようになってからです。この頃、女性の着物の身幅は現代のように狭《せば》まってきたため、片膝を立てたり、あぐらをかいた姿勢では股間が丸見えになってしまいます。ですから、女性は自然と正座を余儀なくされていったのです。

それでは、男性のあいだで正座はどのように普及していったのでしょうか。正座は事務的な仕事を務めていた下級武士から定着していきます。仕事がいちばんはかどる姿勢として正座が普及していき、やがて上級武士へと広がって、男性のあいだでも礼儀作法にかなった座り方として習慣化されていったのです。

●正座と茶道の密接な関係

茶道《さどう》が武士のたしなみとして普及したことも、正座の促進に輪をかけたと考えられています。ご存じのように、茶道は狭い空間のなか、茶を通してワビ、サビの心を実感させてくれるたしなみです。狭い茶室《ちゃしつ》では、ひとりに与えられる空間にも限りがあります。そのため、男性でも両足をたたんで座ることが求められるようになっていったというのです。

実務的な側面から正座が礼儀作法にかなった座り方となった点もありますが、正座はすぐには立ちあがることが難しい姿勢でもあり、相手にたいして、すぐに攻撃には移らないことを意思表示する姿勢だともいわれています。それだけ、穏《おだ》やかな気持ちで向き合うことができる姿勢、これも相手を思いやった姿勢ということができるかもしれません。

きちんとした正座姿は、和室ではやはりもっとも美しい姿勢に映ることもたしかです。背筋を伸ばし、手を軽く膝の上に乗せれば、凛《りん》としたたたずまいを醸《かも》し出してくれます。日本人なら、そんな正座をマスターしたいものです。きちんとした正座をしている人は、想像している以上に一目置かれ、高い評価を受けることができるのですから、けっして損はありません。

ご飯茶碗は、なぜ左側に置くのか ◉食卓の作法

食事の仕方には、その人が子供の頃に受けたしつけがあらわれるといいます。「食べ方でお里が知れる」といわれるのも、そのためです。洋食のテーブルマナーが悪くても、経験がないことを理由にすることができますが、一般的な和食ではそうもいきません。

どんなに着飾って気取っていても、品のない食べ方をしたり、初歩的な作法に反するそぶりを見せたりしたら、興ざめです。お見合いなら厳しい目でチェックされるでしょうし、デートでも同じこと。ビジネスの世界でも、礼儀作法ができていないという烙印《らくいん》を押されてしまうでしょう。

最近、いわゆる「ばっかり食べ」「一点食い」をする子供が増えたといって心配する声が高まっています。好きなおかずなら、それだけを食べ続けるという問題です。そのまま直さずに大人になったら苦労するに違いありません。

ほとんどの人は、小さい頃に「三角食べをしなさい」と教えられた記憶があるでしょう。そうやって、自然に和食の配膳と食べ方を身につけたはずです。

和食といえば一汁三菜が代表的で、懐石料理でも多く見られます。ご飯に加えて、汁物、なます、煮物、焼き物の三品がつくのが一般的です。家庭でも定食屋さんでも、ご飯に味噌汁のほか、魚か肉の料理に付け合わせ、サラダや箸《はし》休めなどがついているのが今でも一般的です。

そのさい、いちばん手前の列には左にご飯茶碗、右に汁椀がきて、その向こう側に煮物、焼き物などのおかずの器が並べられます。ご飯と汁物、おかずを順番に食べていくと、箸が三角形に動くので三角食べになるというわけです。気に入ったおかずばかり食べていたら、その器と自分の口を直線で結ぶばかりになってしまいます。

おかずを食べるあいだにご飯に戻るのは、伝統的な和食の作法です。まず、最初にご飯から始めて、つぎに汁物に口をつけ、おかずに手をつけます。ただし、茶懐石では最初に汁物から口をつけます。いずれにしても、おかずを食べたら、そのつぎはご飯を口に運ぶようにして食事を進めるのが正しい食べ方です。

●お米へのこだわりが位置を決めた

ご飯はいうまでもなく稲作民族である日本人の主食です。おかずしか食べない子供がいるなんて、一汁一菜の質素な食事が精いっぱいだった昔の人たちには信じられないことでしょう。食生活が豊かになったのは喜ばしいことですが、やはり主食のご飯は手前左に配置し、これを中心とした食べ方をする伝統は受け継いでいきたいものです。

なぜご飯が左にくるかというと、左のほうが位が高いとされているためです。左手でお茶碗をもつのに左側のほうが取りやすいということもありますが、主食のご飯は食卓でいちばん上の格付けがされているのです。日本では官職の位を左右に分ける場合でも、左を右より上位としました。左大臣のほうが、右大臣よりも位が高かったわけです。

ご飯は汁物より上位だから左、汁物はそれより下なので右。古来、お米を何より大切にしてきた日本人の「ありがたく頂く」という心がうかがわれます。利便性だけでなく、格を考慮したうえで形成された和食のマナーがあることを覚えておきたいものです。

古代より伝わる礼法の基本

◉左優先のふるまい

左側を優先する和のふるまいは、食事における茶碗の位置以外のしぐさや動作にも及んでいます。

たとえば、三つ指をついて丁寧に頭を下げるときは、両手のうちどちらの手を上にするかというと左手です。右手の上に左手をそっと重ね、右手を包むようにするのが礼儀作法だといわれています。

このほかにも、座席順を決定するときも、左優先の法則が成り立っています。日本では左が正席で、右が次席。上座、下座の常識とともに覚えておかないと、接待の席などでとんだ大恥をかくことになります。いずれも、日本の礼法にのっとった決め事で、右よりも左を優先する日本の伝統的な考え方が根底にあるのです。

『古事記』には、神々の出生はつねに左が先で右が後と記されていることもあり、左右を比較すると左のほうに吉があると考えていたことも関係しています。

ところが、ヨーロッパでは右のほうが吉とされ、左側を優先する日本とは正反対の習慣が残っています。ヨーロッパだけではなく、ゾロアスター教の教えでも、左側は凶とされており興味深いところです。

●「左優先」は武家社会の名残

日本では、そのほかにも左優先の作法と考えられているものがあります。たとえば男性の酒の飲み方。古くから日本では、酒を飲むときに、盃《さかずき》を左手でもって飲むのが作法とされてきました。現在でも酒飲みのことを「左党」と形容しますが、この左党という言葉は盃を左手にもったことが語源となっています。

つぎに、自分自身でズボンをはくとき、どちらの足を先にズボンへと導いているでしょうか。圧倒的に左足から先に入れる人が多いはずです。

この男性の盃の持ち方、ズボンへの足の入れる順番での左優先主義は、左優先の和の伝統とは異なった理由があります。それは、武家社会の名残の習慣といえるものです。

武士の命といえば刀です。一般的に刀は左の脇に差して、刀は右手で抜いていました。酒を飲むとき、盃を右手にもっていたとしたら、敵に不意打ちをかけられたさいに、すばやく右手で刀を抜くことができません。どんなときでも、見えない敵がいることを自覚しておくため、酒を飲むときでも左手に盃をもつのが武士のならわしとなっていったのです。

ズボンを左足からはく習慣も同様の理由です。当時は袴《はかま》をはいていましたが、左足からはくことで剣をふるうときに利き足となる右足を無理なく使うことができると考え、いつしか左足優先の袴のはき方が常識となっていきました。

ちなみに、酒飲みのことを左党と呼ぶようになった理由のひとつに、「鉱山の鉱夫」説もあります。日本でも金や銀が盛んに採掘されていた時代、鉱夫は当然羽振りもよく、夜ごと飲みに出かけては酒を酌《く》み交《か》わしていました。鉱夫たちは左手にノミをもち、右手には槌《つち》をもって作業をします。そのため、盃をもつ左手にノミをもつ手をかけて「ノミ手（飲みて）」になったというわけです。

「忙しいから」では許されない食事作法のタブー ◉汁かけご飯

食事にまつわる礼儀作法のなかでも、「汁かけご飯」が下品だとして嫌われることはよく知られています。正式な決まり事はわからないという人でも、高級店でご飯に汁物をかけてかきこむような真似はしないでしょう。周囲から冷たい視線を受けることは目に見えています。

それでも、時間がなくて急いでいて、あまり気を使わなくていいと思っている場所では、外食でもついやってしまうという人はいるはず。大衆的な定食屋さんや社員食堂などでは、ときに汗をたらしながら汁かけご飯をかきこむ男性の姿が見受けられます。

さすがに女性ではあまり見られませんし、そのような男性を不快そうに見て厳しくチェックしているのもたいていは女性です。本人は「忙しいんだからしかたない」と言い訳するでしょうが、じつは、このような食べ方が嫌がられる根拠はそこにあります。

大事にしたい食事への「感謝の気持ち」

「お行儀が悪い」といわれる汁かけご飯ですが、とくにタブー視されるのは朝食でのこと。「朝食に汁かけご飯をしてはいけない」「汁かけご飯を食べて外出すると災難にあう」、さらには「朝ご飯にみそ汁をかけて食べる人は出世しない」などと、古くから言い伝えられています。

なぜかといえば、汁かけご飯をするのは、朝、あわてている証《あか》しだからです。寝坊して朝からそういう食べ方をしがちな人は、「たしかにそうだな」と納得できるでしょう。早めに起き、ゆとりをもって時間を過ごせば、ゆったりと食事ができます。きちんと余裕をもって行動できないような人は、生活態度ができていないと見なされるということです。

また、あわてて家を飛び出していくと、周りに十分な注意が払えずに事故に巻き込まれる可能性もありますし、朝から落ち着きがないようではじっくり物事に取り組めません。大事に臨《のぞ》める状態ではないので、重要な仕事もまかせてもらえず出世もしないというわけです。

「それなら、仕事が忙しくて昼食に汁かけご飯をするのは許されるのではないか」と思うかもしれませんが、それは忙しいのは仕事ができる証しとばかりに、せかせかと動き回る現代人の考え方でしょう。心にゆとりをもち、じっくりと腰をすえて計画的に物事を進めれば、昼食の時間を確保するのは難しいことではないはずです。

「忙しいから汁かけご飯ですませる」という時間に追われる考え方は、心にゆとりがない証拠。それでは、美しいふるまいなどできません。

稲作民族である日本人は、遠い昔からご飯をありがたく頂いてきました。ご飯を食べられることに感謝を捧《ささ》げ、謙虚な姿勢で食事をしていたのです。「食事をする時間は無駄になるから急いですまそう」と考えている人は、今一度、そんな奥ゆかしい和のこころを見つめ直してみてはどうでしょうか。

神が宿ると考え、ひと粒を大事にした日本人◉お米

昔の日本人は、小さなお米の粒のなかに神の存在を見出《みいだ》していました。そして、小さな芽から青々とした苗に育ち、やがて黄金の稲穂へと変わって実りをもたらすことは神の恩恵であると信じ、お米のひと粒ひと粒に神が宿っていると考えたのです。

自然の壮大な営みの前では、人間は小さな存在です。科学が発達した現代にあっては稲の成長も説明のつくこととして当たり前のように考えますが、昔の人たちは違いました。自然のサイクルを、驚異をもって受け止め、人間の力を超えた神々のなせる業《わざ》であり、作物が実るのも恩恵であると信じ、頭《こうべ》を垂《た》れる謙虚さをもっていたのです。

そのことを考えれば、ご飯粒一つひとつにいたるまで大切にし、「ご飯をこぼすと目がつぶれる」という俗信が受け継がれてきたのもうなずけるでしょう。父親、母親の世代ではそうでもなかったかもしれませんが、おじいちゃん、おばあちゃんからうるさく言われたという人はまだまだいるはずです。

つまり、聖なる力によってもたらされた恵みを粗末にすることは、神をないがしろにすることと同じでした。ありがたい恩恵を無駄にし、冒瀆《ぼうとく》するような行為だったのです。

●茶碗叩きが「無作法」になる理由

いっぽうでは、ご飯を食べるときの行儀の悪さをたしなめるために、信仰に結びつけたという説もあります。「茶碗をたたくと餓鬼《がき》が集まってくる」という言い伝えです。

子供はお腹がすいてご飯が待ちきれないと、食卓の茶碗を箸でたたいて催促したりします。大人であっても、宴会でお酒が入って調子づくと目の前の食器をたたいて騒いだりすることがあります。

餓鬼というのは、生前に戒律《かいりつ》を守らず、悪行の報《むく》いとして餓鬼道に落ちた亡者《もうじゃ》のこと。無残なまでにやせ細って、のどは針のように細く、つねに飢えと渇きに苦しんでいる仏法上の鬼です。

お盆のときには、餓鬼が仏様に取りつかないようにと、家の外に「餓鬼棚」といわれるものを設ける地方もあります。食べ物を供《そな》えたうえ、ひしゃくを添えた桶《おけ》を置いておき、通りかかるたびに水をかけるのです。また、不慮の死を遂《と》げ、供養をしてもらえず、さまよい続ける亡霊も、餓鬼と呼ばれるようになりました。

このように、餓鬼はどこかそのあたりにいて、いつも飢えているので、茶碗をたたく音を聞きつければ、ご飯が食べられると期待して集まってきてしまうということだったのでしょう。

茶碗はたたいたりせず、感謝して行儀よく待ち、盛られたご飯はひと粒ひと粒にいたるまで大切に頂く……。それが古来より受け継がれてきた日本人の精神なのです。

「縁起の悪い」ふるまいは食卓でも嫌われる ◉箸移し

いくら食生活が西洋化したといっても、まだまだ和食党の人は多いものです。健康維持やダイエットを考えて和食を好む人がいるいっぽうで、おかずは西洋料理でも「ご飯を食べないと満足できない」という人もいます。

ご飯が大好きな大食漢はよくどんぶりめしを食べるものですが、なかにはさほど大きくない茶碗にご飯をてんこ盛りにして、母親などに「縁起が悪い」と言われた経験のある人もいるでしょう。

ご飯のてんこ盛りが忌《い》み嫌われるのは、死者へのお供えを思わせるためです。とはいえ、もともとはご飯を高盛りにするのは神様に供えるときの盛り方でした。当時はふだん硬めの粥《かゆ》を食べていましたが、神事のときはお米をふかして強飯《こわいい》にし、高く盛ったのです。ハレとケが明確に分けられ、高盛りにするハレの作法は日常では禁じられたということで、縁起が悪いどころかおめでたいものだったのです。

●火葬場でのしきたりが生んだタブー

食事の作法には、ほかにも不吉だとされるものがあります。たとえば、食べ物を箸から箸へと受け渡すことは、「箸移し」といってタブーとされてきました。兄弟姉妹のいる人なら、子供の頃、おいしいから分けてあげようと箸移しをして、親に叱られたことがあるかもしれません。

なぜいけないのかといえば、こちらは火葬場でのしきたりを思わせるためです。遺族がお骨《こつ》を拾うときは、竹と木の箸をセットにして使い、ふたりで同時にひとつの骨を拾い上げたり、箸から箸へと渡したりして骨壺に納めます。この骨揚げと同じように箸を使うことが食卓ではタブーとされたのです。

箸一膳を揃いで使わなければいけないとされるのも、骨揚げで竹と木を対《つい》にすることと関係しているといわれます。やはり縁起が悪いとして忌み嫌われました。

死者を弔《とむら》う宗教儀式は厳粛《げんしゅく》なものです。「縁起だとか俗信なんて自分には関係ない」と思う人がいるのはしかたがないにしても、礼儀作法を無視すれば、それを見ている人を不快にさせることは事実です。古来の日本人の死生観をないがしろにするのも、はなはだ無神経といえるでしょう。周囲の人々の気持ちに配慮し、先人を敬う美徳は受け継いでいきたいものです。

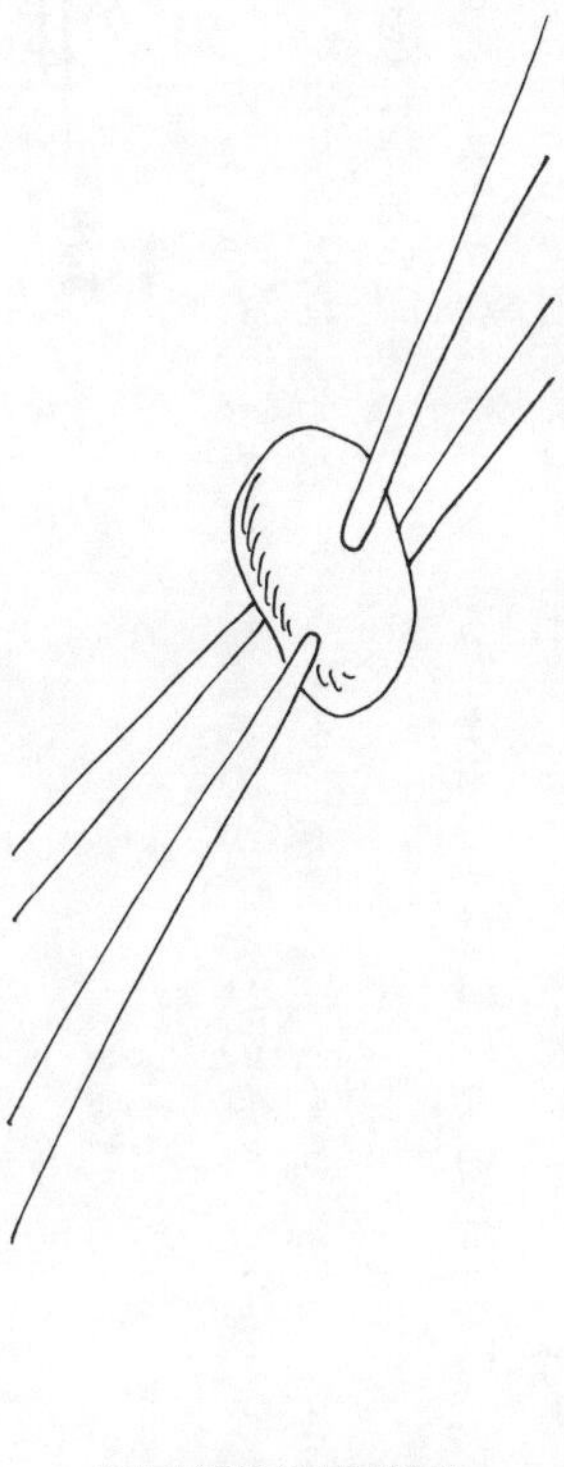

「死」を連想させる行為はどんな時でもご法度

「音を立てて食べる」作法はどのように始まったのか ◉そば

日本に伝わる食事の作法のなかでも少々異質に見えるのが、そばの食べ方でしょう。つるつると素早くすするのがよしとされますが、そうすると実際には「ずるずるっ」という音が出ます。奥ゆかしさとは程遠い印象です。

西洋料理のマナーとして、スープなどをずるずるとすすってはいけないとよくいわれますが、それは日本料理も同じこと。日本人は音を出さないことに不慣れなように考えられがちですが、そんなことはありません。「ずるずる」であろうと、「ぺちゃぺちゃ」「くちゃくちゃ」であろうと、音を立てるのはタブーです。

理由は明らか。ほかの人が不快に感じるからです。音を立てて食事をする人は、下品でマナーがなっていないと見なされます。

そのなかにあって、そばだけが例外であり、厳密にいえば、関東地方だけと地域的にも限定されます。関西においては、そばだけでなく、主流であるうどんも音を立てて食べるのは基本的にマナー違反とされます。

では、なぜ関東だけで特殊な食べ方が確立されたのでしょうか。とくに江戸っ子がそばを食べる音にこだわったことは、落語でも伝えられています。

これには、そばという食べ物の発展の歴史と位置づけが大きく関係していると考えられています。

そばは古くから広く耕作され、農民の暮らしに深く根付いていました。やせた土地でもよく育ち、保存も簡単だったため、年貢米を納めるのに苦労した農民たちは、一種の非常食として用いていたのです。江戸時代までは、ひいて粉にしてからお湯を加えて練り、そばがきにするのが一般的な食べ方でした。

●独特の食べ方は江戸っ子の「特権」だった

麺《めん》にして食べるようになったのは江戸時代に入ってからのこと。「そば切り」と呼ばれ、江戸で人気をさらいました。それまで、そば粉だけで作られていたのが、つなぎが使われるようになり、現在のような形が完成したのは江戸中期、元禄《げんろく》年間の頃です。

つなぎを入れたのは、腰が強く、のばしやすくなるからで、山芋や卵、小麦粉、うどん粉などが使われました。今も受け継がれている二八《にはち》そばは、つなぎが二、そば粉が八の割合ということです。一説には、そばの値段が十六文（二×八）だったからともいいます。

江戸の町では、いたるところにそばの屋台が立ちました。お店はほとんどが屋台で、ゆでたそばをせいろに上げた盛りそばが供され、江戸っ子たちに間食として大いに親しまれました。

屋台でさっと立ち食いができるそばは、せっかちな江戸っ子の気質にぴったり合っていたのでしょう。より早く食べるために、器の上に顔をもってきて、すすりこむようになりました。

すすりこむような食べ方をすると音が出ます。その結果として、そばは音を立てて食べるものとなっていったのです。素早くすすり上げ、あまり嚙《か》まずにのど越しを楽しむ食べ方こそ「粋《いき》」だとして定着していきました。

ただし、これは江戸の庶民の話であって、身分の高い人たちの食べ方はそうではありませんでした。将軍、大名に供される「御前そば」は、音など立てずに食べるものだったのです。加えて、女性も音を立てないものとされました。

身分の違いが絶対的だった時代、きっぷのいい男性労働者たちは、その身分だからこそ許される流儀を楽しんだのです。そばの食べ方は江戸っ子の心意気を今に伝えているともいえるでしょう。

なぜ、敷居を踏んではいけないのか ◉和室の作法

最近のアパートやマンションの間取りのなかには、フローリング仕上げで統一されている部屋が少なくありません。一軒家を入手した人のなかには、すべて洋風のフローリングで仕上げている人もいるほどです。

フローリング仕上げの部屋ともなると、たいていはソファが用意され、そこに腰を落ち着ける毎日となっていきます。正座の仕方や畳の部屋の歩き方など、古くから受け継がれてきた和室での作法を覚えることができない若者が出現しているのは、当然のことなのかもしれません。

しかし、接待の席で目上のお得意様を料亭の和室などに招く機会を避けることはできません。そんなとき、畳敷きの和室における作法ができていないと、得意先の人が作法に厳しい場合などは悪い印象を与えかねません。

若い人のあいだで、見過ごされがちな和室における作法のひとつに、「敷居《しきい》を踏まない」

ということがあります。一般的に和室は、座敷となっている部屋と廊下のあいだに障子をはめて住まいの空間を区別しています。このほか、部屋と部屋のあいだを障子やふすまで区切る間取りの和風住宅もあります。

この障子やふすまが設置される場所に仕切りとして敷かれている横木が敷居です。誰かに不義理を重ねていて、その人の家に入りにくいことを「敷居が高い」と慣用句として表現されていますので、かつては日本人なら敷居のことを知らない人はいませんでした。

そして、この敷居を踏んで部屋に入ることは、無作法このうえないことだと戒《いまし》められてきました。ところが、和室の経験をもたない若い人のなかには、平気で敷居を踏みつけてしまう人がいます。足を乗せたままでたたずんでしまっている人もいるほどです。

そんな人は「なぜ、敷居を踏んではいけないのか?」という疑問の声や「意味があるとは思えない」という不満な気持ちをもつかもしれません。しかし、この作法にはきちんとした理由があるのです。

●相手を思いやる日本人の心のあらわれ

もともと、敷居は日本の住空間には存在しないものでした。障子やふすまのような引き戸が、そもそも日本の家屋には存在していなかったのだから当然のことです。障子やふすまが登場するのは、書院造りが日本で発達し始めた室町時代のこと。書院造りは禅宗の書院の住居方式を公家《くげ》や武家が取り入れたことで発達した住宅建築様式で、現在の日本建築の基礎となった様式でもあります。

現在のように、建築素材が発達していなかった時代、障子やふすまを引くための溝がある敷居は、ゴミや砂が入ると戸の開閉が難しくなりがちでした。そんなトラブルを避ける目的から、足で敷居を踏むことは悪い作法と考えられるようになりました。つまり、便宜《べんぎ》的な側面から、作法が成立していったのです。

同時に、敷居の木材がささくれだっていたりすると、足の裏を傷つけかねません。とくに、武士の時代には床下に敵が潜《ひそ》み、敷居と接する畳のあいだから刀を突き出される危険も考えられました。そんな危険を避けることからも、敷居を踏むことを戒めたのです。いわば、敷居を踏む人の安全を考えたうえでの礼儀作法が、敷居を踏まないという作法の根底にはあるといえるのです。

和の作法には、そんな優しい一面も隠されています。面倒だと思わずに、他人のことを思いやる作法を見つめ直してみるのもいいことです。

畳のヘリを踏むのがなぜ〝バチ当たり〟なのか ◉畳の作法

敷居を踏んではいけないという作法のもうひとつの理由に、畳のヘリ(縁《へり》)を踏んではいけないからというものがあります。

畳のヘリというと、さまざまな文様《もんよう》が入った織物が、畳の境界線を示すかのように走っています。子供の頃、このヘリを踏んでいると「バチがあたりますよ」と両親から注意を受けた記憶をもつ人もいるでしょう。

なぜ、畳のヘリを踏むとバチがあたると昔の人は信じたのでしょうか。その理由に、ヘリを覆う文様が、家柄を示していた時代があったことが関係しています。

畳は『古事記』や『日本書紀』にも書かれていることからも類推できるように、日本人の住空間においては切っても切れない関係にあります。しかし、古い時代の畳は現在とは違い、単純にムシロなどを何枚も重ねただけだったといわれています。厚さがないためたたんで運ぶことができることから畳という言葉が誕生したとも、何枚もムシロなどをたたみ重ねたことから畳になったという説もあります。

誕生当初は薄い敷物のようだった畳は、平安時代になると今日の畳の形に近い厚さになります。もっとも、この時代にも部屋全体に畳が敷き詰められたわけではなく、貴族が敷物として特定の座る場所で利用していたようです。この時代に畳のへりが各種の文様の織物で囲まれるようになり、その文様で身分を示すようになっていきました。

やがて、鎌倉時代の終わりから室町時代にかけて書院造りが盛んになり、部屋一面に畳が敷かれるようになっていきましたが、へりに家の格をあらわす文様をあしらう習慣は江戸時代まで引き継がれており、天皇家の文様のほか、有力大名らは独自の文様を畳のへりに使用していました。

したがって、家の格式を示す柄である畳のへりを踏むことは、たとえその家の血縁者《けつえん》だとしても、先祖にたいして大変失礼にあたる行為と考えられたとしても不思議ではありません。

●プライバシーを尊重する意味もあった

そのいっぽうで、空間を守るために生まれた作法だという説もあります。ポイントは畳のサイズです。畳が使用され始めると、畳一畳分の面積が、人ひとりが生活するに足るスペースとして考えられるようになっていきます。今でも日本人の体格を示す指標として、「起きて半畳、寝て一畳」といわれることからもわかるように、一畳という面積が、一人分の生活のテリトリーであることが、日本人のあいだで暗黙のうちに理解が進んだというのです。

狭い空間で幾人《いくにん》もの人間が生活をしていくためには、互いに不可侵の領域を設定しないとプライバシーを守ることができません。そのため、畳のヘリを踏むことは、自分以外の人の領域に迫《せま》ろうという行為と解釈されかねません。それを避けるためにも、畳のヘリを

畳のヘリを踏まないのは
相手を不快にさせないため

踏むことは大変失礼な行為であるといわれるようになったというのです。

いずれにしても、畳のヘリを踏むことは、自分以外の人、家の格式、領域を侵害する行為であるという考えに間違いはありません。そこで、相手に不快な思いをさせてはいけないという繊細な心配りが、「畳のヘリを踏んだらバチがあたる」という作法を生む要因となったといえるでしょう。

そのほか、敷居のところで紹介したように、床下に潜む敵の刀が畳のヘリからいつ何時飛び出してくるのかわからないので、畳のヘリを踏んではいけないという説も現代に伝えられています。

箒《ほうき》をまたぐことが、なぜ「縁起が悪い」のか ◉箒

生活様式の変化とともに、忘れられつつある俗信はたくさんあります。時代の精神にフィットしないからというものばかりではありません。現実に口にする機会が減ったために、しだいに人々の脳裏《のうり》から消えつつあるタブーもあります。

そのひとつが「箒をまたぐと罰があたる」というもの。畳の部屋が減って、掃除道具と

いえば掃除機、あとはダスターやモップという時代になり、箒はあまり使われなくなりました。庭のない集合住宅に住む人も多いので、屋外用の箒があるとも限りません。

身の回りに箒がなければ、どたばたと駆《か》け回る子どもが「またぐな！」と怒鳴られることもないわけです。

かつての日本では、箒は神聖なものとされていました。そこには、大切なワラを束ねて箒を作り、掃き掃除に使ったことが関係していました。日本人の命を支えてきた米は神の御業によりもたらされるものであり、稲を刈り、脱穀したあとに残るワラもまた貴重にして神聖なものだと考えられていたのです。

ワラはさまざまな用途で再利用されていきます。ワラを四〜五分割にカットして刈り入れの終わった田んぼに撒《ま》き、翌年の豊作のための栄養源として使います。また翌年の田植え時には、苗床《なえどこ》で育った稲を田んぼに移すときに束ねる役目を果たすのもワラです。そして、農作業に必要とされる縄類も、ワラをよって作りました。

●「お産」にまつわる言い伝えが多い理由

このようにワラはけっして余り物でも、ゴミでもありませんでした。ワラをよったしめ縄が神社の鳥居や社殿《しゃでん》に張られたことを考えれば、わかりやすいでしょう。神の鎮座《ちんざ》する場所を示すしめ縄に使われ、米と同じように祭祀《さいし》に必要不可欠なものだったのです。

こうしたことから、ワラでできた箒も神聖であるとされ、箒自体を神として信仰の対象にする地方もありました。今も正月の準備のための「すす払い」に使った箒に酒や煮物などを供える風習が残る地方があります。

箒が神聖なものであれば、またいだ人に罰があたると考えても不思議ではありません。神様を邪険にするような行為といえるからです。

また、その罰を「背が伸びない」「火事で逃げ遅れる」などと特定した俗信が地方によっていろいろとあります。そのなかでもとくに多いのが出産にまつわるものです。「難産する」「逆子《さかご》を産む」などと言い伝えられています。これは箒をお産の神様である「産神様《うぶがみ》」として信仰した地方が多くあったことが関係しています。

信仰とはかけ離れた日常を送っている人はただの迷信だと思うかもしれませんが、神聖なものを汚す行為は、いいかげんな生活態度の証《あか》しでもあります。昔の人は本当に大切にすべきものを知り、それを心から大切にしたのではないでしょうか。箒をまたがない奥ゆかしい立ち居ふるまいの陰には、真摯《しんし》な姿勢で生きていこうとする心が見え隠れします。

新しい靴をなぜ、午後に下ろしてはいけないのか ◉葬式の作法

礼儀作法を教える言い伝えのなかでも、「縁起が悪いから」と理屈づけされたものはとくに「非科学的」として現代人から軽視される傾向にあります。

たとえば、「新しい履物《はきもの》を午後に下ろしてはいけない」という戒め。子供の頃に、新しい靴を買ってもらったのがうれしくて、すぐに履いて外に出ようとしたら、両親や祖父母からたしなめられたという経験はないでしょうか。そのときに「なぜいけないの？」と聞いた人は、「縁起が悪いから」との答えを聞いているはずです。

その背景にあるのは、「野辺《のべ》の送り」と呼ばれる葬式での作法です。昔は人が亡くなると、葬列に加わる人のために葬式用の草履《ぞうり》が作られました。ふだんと同じ草履を使っては死の穢《けが》れがついてしまうと考えられたためです。それも日常で使う草履とは違って生ワラを使い、忌《き》をあらわす白い紙を鼻緒に交ぜたりするなど、決まったやり方がありました。

そして、座敷でその草履を履いた人たちが棺《ひつぎ》をかつぎ、そのまま外に出て墓地まで行きました。家のなかで靴を履いてから地面に下りてはいけないとの言い伝えがありますが、

それも葬式を連想させるためです。

葬式用の草履は埋葬をすませたあと、墓地の入り口あたりに捨ててきました。魔物が履いてついてくるといけないので、鼻緒を切りさえしました。そうして、別に用意していった草履を履いて帰ってきたのです。

葬式用の草履は新しい履物であり、葬式はふつう午後から行なわれます。このため、新しい履物を午後に下ろすのは縁起が悪いとして、忌《い》み嫌われたということです。

また、どうしても午後から下ろさなければいけない場合は、かまどの炭を塗るようにといわれました。これは、かまどが家の守り神として崇《あが》められていたため。食べ物を煮炊きするかまどには家族の運命を左右する力、呪術的な力があると信じられ、凶事から守ってもらえると信じられたのです。

●死を恐れる気持ちから「タブー」が生まれた

もうひとつ、死を連想させるとしてタブーとされた行ないに、「洗濯物の夜干しはいけない」というものがあります。毎日、仕事で忙しくしている人は「そんなことを守っていたら、いつまでたっても洗濯ができない」と思うかもしれませんが、これも、長いあいだ受け継がれてきたタブーです。

夜間に干した洗濯物は、死者の着物を思わせました。人が亡くなると、しばらくは着物を干したままにしておく風習があり、夜のあいだも干されていたからです。

つまり、衣服が夜になっても干してあると、死人が出たかのように見え、縁起でもないとされたのです。しかも、風に揺らめくさまは幽霊と見まごうところもあります。

また、昔の人は、洗濯物はやはり日光に当て、そのぬくもりの残るうちに取り込むのがいちばんであることも体験的にわかっていたのかもしれません。乾いた洗濯物を干しっぱなしにするのは、だらしなさのあらわれでもあり、夜のあいだに虫がついたりすることもあります。留守のしるしとして泥棒に狙われるということもあります。

いずれにせよ、死を恐れ、遠ざけようとする気持ちは昔の人たちに限ったものではありません。現代人が死を回避するための方策を必死で模索しているように、昔は縁起が悪い行ないをタブーとして、凶事を避けようとしたのだとも考えられます。

人の生死を握る神の前では頭《こうべ》を垂れて敬虔《けいけん》に祈りを捧げ、できる範囲のことをしようとしたのだと見れば、迷信と侮《あなど》らずに耳を傾けようという気持ちにもなるのではないでしょうか。

使っている人間の"魂の入れ物"と信じられた◉枕

子供の頃、修学旅行や林間学校などで枕投げをした記憶のある人は多いはずです。先生に見つかれば怒られますが、たいていは「騒がずにおとなしく寝なさい」とたしなめられた程度でしょう。

でも、なかには年配の先生から「そんなことをすると、頭が痛くなるよ」と戒められた人もいるかもしれません。最近ではあまり聞かれなくなりましたが、枕を荒っぽく扱うと頭が痛くなる、頭痛もちになるという言い伝えがあります。

日本では古く古墳時代から枕を使っていたといわれます。今ではクッションと同じような感覚でとらえられ、子供が投げようが踏んづけようが親もたいして怒らないようですが、かつてはタブーとされた行為。枕はとても大切に扱われていました。

そもそも枕という言葉の語源は「魂蔵《たまくら》」。魂の入れ物をあらわしています。「たまくら」がなまり、「まくら」に転じたというわけです。もちろん枕に入るのは使っている人の魂ですから、どれほど大切にすべきかわかるでしょう。

昔の人は眠っているあいだ、魂が肉体をも現世をも離れ、飛び回っていると信じていました。だから、突然誰かに起こされると魂が抜けたままになると恐れられ、眠っている人を急に起こしてはいけないという俗信も生まれました。

そして、睡眠中にさまよっている魂は、枕のなかに宿ると考えられたのです。大切な頭を当てるものであるだけでなく、魂が宿り、その人と一心同体であるかのように見られていました。このため、船が難破して遺体が上がらないときなど、その人の枕を形代《かたしろ》として埋葬する漁村などもありました。枕は単なる寝具ではなく、深く大きな意味をもつものだったのです。

●「枕神信仰」とは何か

さらに、枕神信仰もありました。枕もとにおわす神が夢のなかでお告げをしたり、その人を起こしたりすると信じられていたのです。人々ははるか昔から睡眠や夢を不思議に思い、さまざまな推測や解釈をしてきたのだとも考えられます。

ストレス過多の現代においては、快眠のために枕選びにこだわる人が増えています。魂が宿ると信じないまでも、大切な頭を預けるもの、心地よい眠りへと誘うものと思えば、さほど違和感なく丁寧に扱えるのではないでしょうか。そうしたふるまいの積み重ねこそ、日々の暮らしを大切にする和の心につながっていくのです。

手をぬぐうものではなく頭にかぶるものだった ◉手ぬぐい

世の中が変化するスピードが速くなり、人々が忙しさに追われて疲れきった反動なのでしょうか、日々の暮らしを大切にして小さな喜びを見出そうとする人たちが増えています。衣食住にまつわる雑事を面倒だと思うのではなく、ひとつひとつ丁寧にすることで、せわしなく動き回っているときは気づかなかった楽しさに気づくことも多いのでしょう。

身の回りを見つめ直して、ものを大切に扱ったり、人への心の配り方を考えたりしていると、伝統的な暮らしのよさに思いいたることがあります。礼儀作法やしきたりのもつ意味合いや精神性にあらためて気づき、日本のすばらしさを再発見するという具合です。

とくに若い女性のあいだでは、礼儀作法を大人になってから学び直そうとしている人が多いようです。「大和撫子《やまとなでしこ》らしくなるように頑張っている」などという声も耳にします。凛としていながらも、たおやかな物腰、立ち居ふるまいは、やはり時代を超えて好まれるといえるでしょう。

伝統文化を見直すなかで、消えつつあった品々にもスポットライトが当たるようになりました。手ぬぐいはその代表例といえるでしょう。手ぬぐいが一枚もない家庭で育っていても、どこか懐かしく、それでいて新鮮に映るようです。ハンカチとして使うほか、スカーフのように首や頭に巻いたり、ランチョンマットにしたり小物を作ったりと、おしゃれな活用術があれこれと考え出されています。

手ぬぐいは、その名前から手をぬぐうものという印象が強いものですが、歴史をたどると被《かぶ》り物に行きつきます。もともとは、タナ、ユテ、テサジなどと呼ばれ、これは鉢巻きや褌《ふんどし》や腰巻き、背負い帯などと共通する名称でした。頭につけるものも、腰を覆うものも同じ名前で呼ばれていたのです。

農民たちは手ぬぐいを頭に被って立ち働きました。その姿はテレビの時代劇などで見かけたことがあるでしょう。今も手ぬぐいやタオルをつけて農作業をする人はたくさんいます。ほこりやごみ、土などからカバーし、髪の乱れも防げるうえ、強い日差しや寒さから守る役目も果たしてくれます。男被り、女被り、姉《あね》さん被り、山被りなど、さまざまな被り方も考え出されました。

では、働いている途中で手をふくときにも使ったのかというと、そうではありません。手は前掛けでぬぐったのです。

●敬意も表すことができる万能な道具

「手ぬぐい」という言葉が広まったのも、江戸中期になってからのことです。木綿の普及とともに商人などが木綿の手ぬぐいを宣伝し、定着していきました。それまでは、麻や絹が使われていました。また、長手ぬぐい、五尺手ぬぐいなどと呼ばれる長いものもありました。

働くときに被った手ぬぐいは、客の前では取ったものですが、古い時代にはまた別の作法がありました。手ぬぐいを被る礼装があり、被り物は相手に敬意をあらわすものだったのです。そのほか神事のさいにも被りました。

一枚の薄い布にもこのように長く、興味深い歴史があります。礼を尽くすために被るという奥ゆかしさを思うと、いっそう大切に受け継ぎたいとの思いがわいてくるのではないでしょうか。手ぬぐいを上手に使いこなすことは、大和撫子をめざす人にとっても格好のレッスンになることでしょう。

目上の人の紹介は、なぜ最後に行なうべきなのか ◉ビジネスの作法

お得意様の会社に、上司一同を引き連れてうかがうといった機会は、珍しいことではないでしょう。会議室に通されて、相手先の企業からも何名か登場し、まずは名刺交換というのが会社社会においては自然な流れとなっていきます。

このとき、仮に自分の会社の社長が帯同《たいどう》していたとしたら、あなたは何番目に社長を得意先に紹介するでしょうか。「会社でいちばん偉い人物なのだから、真っ先に相手に紹介するのが筋だろう」と考える人がいるかもしれません。しかし、日本では目上の人物は最後に紹介するのが正しい礼儀作法なのです。

目下の者の紹介からスタートし、順番に目上の人物を紹介していく方法は、西洋の紹介の方法とは正反対です。西洋社会では目上の者を真っ先に紹介し、それから目下の者へと順番に下がっていくのが正しい方法とされています。

なぜ目下から先に紹介することが習慣化されていったのでしょうか。これは、日本の住空間および家屋《かおく》の構造が関係しています。

伝統的な日本の家屋というと、まずは門を通って玄関へといたり、廊下を通って、奥の座敷へと通されるようになっています。有力な政治家や事業主の家屋の場合などは、玄関を入るとすぐに事務室があり、主人への取り次ぎをする空間が用意されていることもあります。すると、門番から玄関番、そして秘書のような役割をこなす人物からその家の主人へと、次々に取り次ぎの作業がくり広げられていくことになります。

その家の主人に会うためには、門で取り次いでもらってから、いくつかの取り次ぎのプロセスを経て、はじめて自分の来訪がその家の主人に伝えられるシステム、いわば「取り次ぎシステム」が日本の伝統的な家屋には存在していたのです。

この名残《なごり》が社会生活にも入り込みました。「取り次ぎシステム」が、相手への紹介の場でも礼儀作法となっていったのです。

●日本人独特の〝トリ〟という考え方

この取り次ぎシステムの伝統は、日本のほかの場面でもよく見受けられる習慣です。暮れの『紅白歌合戦』を思い出してみてください。もっとも大物である歌手は、「トリ」といわれるいちばん最後に登場する役割を栄誉として担《にな》っています。落語の世界でも同様で、真打ちと呼ばれる看板落語家は、いちばん最後に登場します。大相撲などもまったく同様です。番付上でもっとも高い地位に君臨《くんりん》する横綱は、最後の取組まで登場しません。

また、神社の祭りのさいによみ上げられる祝詞《のりと》においても、呼ばれる神様の順番は位の低い神様から次第に高い神様へと上っていきます。このように、目上の人、格付けがもっとも高い人は、最後に登場するのが自然だという気持ちが、無意識のなかにも日本人のあいだでは流れているのです。

大物は最初から場をかき乱すことなく、静かに控え、いざというときに前へ出ていくもの。そんな姿勢が日本人には好ましく映るのも、目上を最後に紹介することと関係しているのかもしれません。謙虚を美徳として考える気質をもつ日本人にとって、最初から大物がでしゃばるのは感情を逆撫《さかな》でさせられるもの。大物は泰然自若《たいぜんじじゃく》とし、ゆったりと構えてほしいという日本人の大将像が関係して、それが相手への紹介の場においても自然な成り行きとなっていったとも考えられます。

海外の企業とのつき合いもあり、目上を後に紹介するという礼儀作法は、あいまいになりつつあります。しかし、その背景には日本家屋の構造に加え、日本人の気質である奥ゆかしさが関係していることは理解しておくべきでしょう。

四章

先祖をうやまい、命を見つめる心から生まれるふるまい

なぜ、悲しい席でもお酒を飲むのか

◉通夜と葬儀

日本人は古来、独特の死生観を育《はぐく》んできました。仏教の影響もあり、来世があると信じていました。そのため、たとえ死者をあの世へと送る葬儀の場が営まれても、けっしてふたたび巡り合うことができないわけではないと考えました。目には見えないけれど、死者は現世と来世を行き来する時期があるので、きちんと別れの場を設定することで再会することができると信じたのです。また、新たな生命の誕生にも、喜びを感じるとともに、健《すこ》やかな成長を願う独特の習慣を生み出していきます。

人間の生命の誕生ばかりではありません。新たな年を迎えるさいにも、希望を込めて独特の習慣を生み出し、家族で共有する時間をもちました。

人生のなかで幾度か巡ってくる出会いと別れの場。その時間を慈《いつく》しみ、目に見えない存在との関係を慈しむ習慣やふるまいが受け継がれて現代にいたっているのも、日本人の日本人たる精神性を支える一因となっています。

そんな出会いと別れの場に欠かすことのできない飲み物があります。いうまでもなく、それはお酒。結婚式や子供の誕生祝いなどの晴れの場だけでなく、悲しみにうちひしがれる通夜の席や葬儀の後など、冠婚葬祭のいずれの場においても、人は酒を飲んでいます。なかには「親族が亡くなって涙を流している横で、酒を飲むなんて不謹慎なことではないのか」と疑問に思っている人がいるかもしれません。しかし、こうした席で飲食することは、日本人の伝統的な死生観からはむしろ当たり前の行為です。悲しみの場には、目には見えないものの死者の霊魂がいて、霊界へと旅立つ直前に死者の霊魂と飲食をともにすることにより、じかに霊魂を慰《なぐさ》めることができると信じられてきたからです。

●日本人の死後の世界のとらえ方

古来、日本人は人間の死後の世界を以下のように考えてきました。人は死にいたったとしても、その霊魂は一定の期間はその家とみずからが埋葬された墓にただよっていると。そして、期間が経過した後は、先祖の霊魂と合体して祖霊となって山の彼方へと向かっていくというのです。

一定の期間とは通夜や葬儀のあいだだけではなく、忌明《きあ》けとなる四十九日《しじゅうくにち》、一年忌、三年忌、七年忌と続いていき、三十三年忌の弔《とむら》い上げと呼ばれる時期まで続きます。各法要のさいには関係者を招いて飲食を行ないます。これも、そばにいる霊魂とじかに会う機会と考えているからです。

このように、じかに死者と酒を酌《く》み交《か》わす機会なのですから、悲しい場とはいえ、酒を飲むのはけっして不謹慎なことではないのです。むしろ、儀礼の酒として、好きではなくとも飲むことが死者の弔いになると考えられています。

ちなみに、出棺される前に食事をしたり、棺《ひつぎ》が家を出るさいに飲む酒は「オタチ酒」「ハバキ酒」「デダチ酒」などと呼ばれます。オタチやデダチは、死者が家から旅立つことを意味することは容易に想像できるでしょうが、ハバキとはどんな意味があったのでしょうか。ハバキとは、遠出の旅をするさいに昔の人がすねにまきつけた「脚絆《きゃはん》」の俗称です。いずれも、旅立つ死者と最後に酌み交わす酒を意味しています。

「左前合わせ」が縁起が悪いとされた理由◉着物

この世を去ったとしても、人間の魂は永遠に旅を続けて輪廻転生《りんねてんせい》(「てんしょう」とも)していく……。西洋にはない独特の死生観を育んだ日本人は、死者を送り出す葬儀のなかでも、独特の和のしきたりや行ないを伝承してきました。そのひとつが、死者を送るさいのいでたちです。

古くからの作法にのっとると、死者にはまず死に化粧を施《ほどこ》します。つぎに衣服の着替えにとりかかります。正式な作法は仏式では「経帷子《きょうかたびら》」を、神式では「小袖《こそで》」を着せるようにしてきました。

経帷子とは、白木の綿で作った布を、玉結びをつけない糸で縫った死に装束《しょうぞく》。布地を裁断するときもハサミを使用しないことが原則です。返し糸、終わりの糸もとめず、なるべく簡単な衣装を着せてあの世へ送ろうとしています。手の甲には脚絆をつけ、足袋、わら草履《ぞうり》を履かせます。あの世への旅がしやすい衣装で、すべてが白で統一されています。

神式の死に装束である小袖も、白色であることが求められました。死者があの世の極楽へと旅をするためには、穢《けが》れを知らない白色の衣装がふさわしいとの考えからです。

仏式、神式いずれにしても、共通しているのは、着物の合わせを生きていた当時とは逆の左前にすることとです。

着物を着るさい、ふだんは着物の右側は「おくみ」といって、左側を外に出して内側で合わせておくものです。子供の頃、ふざけて左前にして両親に「縁起が悪い」と怒られた経験のある人もいるでしょう。その理由は左前にするのは、あの世へと旅立つ姿をしているのと同じだと忌《い》み嫌ったからです。

●あえて左前に着物を着せる意味

では、着物をあえて左前に着せた理由は何だったのでしょうか。それは、生きている人と正反対の着物の合わせにすることにより、死者を区別するのと同時に、生き返ることなく安心してあの世へと旅立ってほしいという願いをかけたからだと考えられています。

「死に装束」はすべて
「白」で統一する

ですから、現世で生きている人が左前に着物を着ようものなら、縁起が悪いと怒ったのも無理はないことなのです。左前に着ることをどれほど嫌ったかは、財産が傾く表現を「左前になる」と形容したことからもわかります。左前＝死に装束。財産をなくして、この世で生きる術《すべ》を失ってしまうこと、それは死が近いことを意味することを「左前になる」というひと言に込めたわけです。

最近の葬儀などでは、死に装束は省略し、スーツ姿などで棺に死者を納めたり、死んだ人が生きていた時代に活躍していたことを彷彿《ほうふつ》させる制服を左前に着せて棺に納めるケースも増えています。

ご飯の作法と死者への思い ◉枕飯

子供の頃の食事時に、ご飯茶碗にふざけて箸《はし》を垂直に突き立て、「縁起が悪い」「お行儀が悪い」と母親から叱られたという経験をもつ人は多いでしょう。

また前に述べたとおり、ご飯茶碗から大きくはみだし、ご飯の山が茶碗から見えるように盛りつけると、そんなご飯の盛り方をしてはいけないとたしなめられた経験もあるかと思います。

いずれの食事の作法も、死者を送り出す前に枕もとに置かれた枕飯《まくらめし》を連想させるために縁起が悪いと考えられました。このため、ご飯に箸を突き立てることも、山盛りにご飯を盛ることも無作法と考えるようになったのです。

枕飯にもきちんとした作法が存在します。近親者が亡くなると、残された家族は、まず死者のためのご飯を用意します。通夜や葬儀に参列するためにかけつけた人々への食事の用意もしなければならないため、大量に炊いたご飯から枕飯を用意すればいいと考えがちですが、これは正式ではありません。本来はお椀一杯分の米を量《はか》り、ふだんのように洗米することなくそのまま水を入れて炊くのが正式な枕飯の炊き方です。

枕飯を盛る茶碗は死者が生前愛用していた茶碗を用意します。そこに山盛りに炊いたご飯をひと粒残らず盛りつけ、これも愛用していた箸を突き立てて枕もとに供《そな》えるのです。

箸の突き立て方は地方によって異なります。箸を二本とも突き立てるところもありますし、一本だけ突き立てる地方、一本は垂直に立てて、もう一本は横に突き立てる地方など、風習は微妙に違っています。

●なぜ「枕飯」は必要とされたのか

縁起が悪いとされた箸を突き立てたり、ご飯を山盛りに盛る作法ですが、見送りの場、悲しみの場における作法かというと、けっしてそうではありません。なぜなら、ご飯を山盛りに盛りつけて、箸を垂直に立ててお供えする行為は、祭りのときなどで神社にお供えするご飯でも同様だからです。

この山盛りのご飯と突き立てた箸が意味するところは、神様に食べていただきたいという現世の人々の願いを表現したものなのです。山盛りに盛られたご飯はたくさん食べてほしいという願い、突き立てられた箸は早く食べてほしいという願いと配慮がこもったもの。つまり、神様への感謝を捧げる気持ちをあらわしています。

死者の枕もとに供える枕飯も同じことを意味しています。あの世へと旅立つ途中に、お腹が空いては気の毒だという思いから、すぐにお腹を満たすことができるように山盛りのご飯に箸を突き立てたというのです。

また枕飯は、死者の枕もとに供えられているだけではありません。葬儀で埋葬に向かうさいには、お膳に載せて棺とともに運ばれていきます。昔は現在のように火葬ではなく、土葬が主な埋葬方法でした。このとき、枕飯を墓穴に入れたり、墓前に供えたりしました。

葬儀の後も、墓前に供えたり、毎年巡りくるお盆のさいにも墓前に供えるなど、死者との交信ができると信じていた日本の人々は、ご飯を死者のために用意することを怠《おこた》らなかったわけです。

ですから、死者がお腹が空かないように配慮したご飯、それが枕飯の正体ということになります。それを生きている人がすると、死者を連想させるということで縁起が悪い、無作法ととらえられるようになりました。

このような日本人の死者への思いやりがこの枕飯にはあることを忘れてはいけません。姿は見えないけれど、関係は断ち切られていないと信ずる思いが、枕飯の背景にはあるのです。

頭を北にして寝ることが忌み嫌われる理由 ◉北枕

着物の合わせ方や食事の作法だけにとどまらず、衣食住全般にわたって、死者を気持ちよく来世へと送り出そうという配慮を日本人はしてきました。

死者への感謝の気持ちをあらわし、息絶えた存在にまでキメ細かな心配りをすることを忘れない。それは、和のもてなしの心を映し出した行為のひとつということができるでしょう。

反対に、こうした死者への配慮を表現した作法は、現世で生きている人にとっては忌み嫌う作法になっていきます。先に述べた着物の左前合わせや枕飯と並んで、生きている人がするのは縁起が悪いとされるのが「北枕」です。

北枕とは、文字どおり北の方角に向かって枕を置いて眠ることです。つまり、遺体を北枕に寝かせる作法です。

このほかにも、顔に白い布をかけること、死者の枕もとに「枕飾り」と呼ばれる仮の祭壇を設けることなど、細かい決まりがあります。屏風《びょうぶ》を立てかけるときは、「逆さ屏風」といって逆さまにして置くように定められています。

●仏教と神道の不思議な共通点

では、なぜ遺体は北枕とされたのでしょうか。これは釈迦が現世を去った入滅《にゅうめつ》のさい、北を頭にしていたことに由来します。その結果、北を枕にすることは死者を意味することとして、日本人のあいだで受け継がれるようになったのです。同時に、お釈迦様と同じように北枕にしてあげると、死者となってしまった魂も極楽浄土へと向かうことができると考えたのでしょう。

興味深いことに、神式の葬儀のさいも、遺体は北向きにして安置されます。各地の土着の信仰が発展したものです。そこでも遺体が北枕にされるということは、北は死者が旅立つ方角にふさわしいという思いが日本人のあいだには発生していたことをうかがい知ることができます。

ですから、現世で生きている段階において北枕で寝るという行為にたいして、日本人は過剰に反応するようになったのです。北枕にして寝ると、極楽浄土へと今すぐ旅立つことになってしまう。そんな思いが、北枕はしてはいけないという作法へとつながっていきました。

科学的な分析によると、北枕はむしろ推奨《すいしょう》すべき枕の方角だという意見も存在します。その理由としては、頭を置く北の方角のほうが冷たく、反対に足が向く南が暖かいからだという点が挙げられています。つまり「頭寒足熱」の考え方で、南枕にすると脳に熱が加わりすぎて体にとっては望ましい状態とはいえず、また、北側に向いた足は冷えるために安眠を妨《さまた》げる。そのため、健康面を考慮すると北枕のほうがよいという指摘です。

そのほかにも、磁気が関係しているため、北枕にしたほうが体の血行がよくなるという説も提唱されています。

住宅が密集し、間取りも希望どおりにならない現代の住宅事情では、北枕になってもやむを得ないとしている家庭も多いことでしょう。それでも、日本人はできる限り北枕を避けようとします。その根底には、死者と生きている者とを厳密に区別しようという意識が働いているのでしょう。同時に、お釈迦様と死者を敬い、別格扱いすることによって、死にたいする畏《おそ》れや鎮魂《ちんこん》の心を明確に表現しようとする意識が働いているのかもしれません。

塩を振りかける習慣はどのように生まれたのか ◉お清めの塩

知り合いの通夜や葬儀に出席すると、香典返しとして遺族から御礼の気持ちを込めた品が渡されます。

しめやかであることを旨とすることもあって、基本的には香典返しの品は華美にならない品物が選ばれます。お茶、砂糖、ハンカチなど、日常生活ですぐに利用できる品が多いものです。しかし、時代の変化なのでしょうか。お茶や砂糖をもらっても喜ばれないのではという配慮のせいか、最近の会葬の場では香典返しの品もバラエティーに富むようになってきました。なかには、カタログを香典返しとして渡し、好きな品を参列者に選ばせ、後から取り寄せできるようなシステムさえ生まれています。

香典返しの中身も大きく様変わりしてきたといえますが、香典返しに欠かすことなく入れられているものがあります。それはお清めの塩です。

参列者は会葬の後に自宅などに帰宅すると、まず家の入り口でお清めの塩が入った袋を取り出します。そして、体にふりかけてはじめて自宅へと入り、まず、水で手を洗うことが、会葬における参列者の儀式のように習慣化されています。

このお清めの塩にはどんな意味があり、なぜ塩を撒《ま》くようになったのでしょうか。

日本人は、葬儀の場には霊魂がただよっていると考えてきました。遺体を単なる物質としてとらえる西洋的な考え方とは対照的です。

そんな日本人は、霊魂がとりつくことを避けたいと考えます。そのため、斎場から帰ったときに、霊魂が家に入り込むことがないよう、お清めをするようになりました。これがお清めの塩です。

なぜ「塩」が使われるようになったのか

塩には霊魂が入り込むのを防御する力があると信じたのは、日本人だけではありません。海外でも悪魔払いには塩が使われてきましたが、日本人はとりわけ塩を神聖なものとして扱ってきました。

その理由として、日本が海に囲まれていた島国であることが関係しているという説があります。日本の黎明《れいめい》期、私たちの祖先は主に海辺一帯を中心に住居を構えていました。食糧となる魚類が獲《と》れることが大きな理由でしたが、海からの恩恵を十分に感じ、聖なる力

「お清めの塩」は、家を
霊魂から守るための儀式

も見出《みいだ》していたのです。

そのため、海水には特別な力が宿っているという信仰が生まれます。そこで、禊《みそぎ》などをするさい、海水をふりかけるような習慣が生まれました。そして、この海水に含まれる塩分が、清めの塩をふる習慣の源となっていきました。

さらに、塩はとても貴重なものでした。人間が生きていくうえで、塩分は欠かすことができないからです。そんな貴重な塩を、体にふりかけることで霊魂が入り込むことを防ぐことができると日本人は考えたのです。

現代の発達した科学の世界では、妊娠中の女性の羊水《ようすい》は海水と同じバランスのミネラル分が含まれていることが判明しています。また、海中で発生した微生物が進化を続け、陸へと上がり人類が発生したことも解明されています。いずれも海水が人類と切っても切れない縁があることを物語っています。

しかし、そんな科学的事実を知ることのない古代の日本の人々のあいだでも、海にたいする畏敬《いけい》の念は強かったと考えられます。そのため、海水の結晶である塩に特別な力を見出したのかもしれません。その塩のパワーを借りて、死者との別れのときを過ごすことを習慣化していったのでしょう。

お盆の本来的な過ごし方とは ◉盆踊り

都会に暮らす人々が大移動する時期として、正月と並んでお盆の時期があります。田舎に帰省して、浴衣姿で盆踊りをするのを楽しみにしている人もいるかもしれません。最近では都会でも開催する地域は多いので、地元で盆踊りに参加する人もいるでしょう。

この盆踊りは、そもそも何のために催《もよお》された行事なのでしょうか。盆踊りが日本に誕生した背景には、農耕社会だった日本の人々の信仰と、亡くなった先祖を敬い大切に扱っている誠実な心が関係しています。

そもそもお盆とは、先祖を供養する行事として日本人のあいだに根付きました。当初は一月と七月の年に二度催されていたようです。現在では旧暦の七月に行なう地方もありますが、多くは新暦の八月です。

お盆はもともと、農耕民族だった私たちの祖先に、一年に二度現世に戻ってきてもらい、自分たちがどれだけ感謝しているのか、その気持ちを表現するために行なわれたものです。

同時に、農作物が収穫できたことに感謝するとともに、新たな秋の収穫においても豊作になることを願う儀式でもありました。現世に戻ってきた（と信じている）祖先の霊と飲んで食べて楽しみ、そしてふたたび天上へと戻ってもらう。お盆にはそんな意味合いがあったのです。

この日本土着の信仰に仏教の教えが融合して、今日のお盆へと発展していきます。仏教では、釈迦の弟子とされている目蓮《もくれん》が、釈迦に教えを請《こ》うたという話が伝えられています。その内容とは、死んだ目蓮の母親が地獄に落ちて逆さ吊りにされ苦しんでいるのだが、どうしたら救えるのかというものでした。

釈迦はこれに応えて、七月一五日に供養するよう指導します。それを聞いた目蓮がさっそく実行に移したところ、母親は地獄から救われて極楽浄土に向かうことができたというのです。この逸話《いつわ》が先に紹介した民族信仰と融合し、お盆という行事が盛んになっていきました。

お盆には、ほかに「精霊会《しょうりょうえ》」「盂蘭盆会《うらぼんえ》」などの呼び方があります。精霊とは祖先の霊を意味します。盂蘭盆は古代インドの言語であるサンスクリット語で「逆さに吊るされた苦しみを救う」という意味があり、これは目蓮の逸話が投影された名称ということができます。

むしろ、土着の先祖信仰よりも目蓮の逸話が有名になったきらいがあり、お盆というと、地獄に落ちた人を救う日と誤解している人もいるほどです。しかし、本来は先祖に感謝の気持ちを捧《ささ》げ、すでに送り出した先祖との絆《きずな》を再確認する和のこころが反映した行事ということができます。

●お盆にはどのような行事があるのか

お盆がスタートするのは一三日の夕方です。先祖が迷わずに帰ってくることができるよう、家や寺の門前で迎え火を燃やして出迎えます。地方によっても異なりますが、農村地帯などではこのとき、神聖なものと考えられているワラを燃やすのが慣わしとなっています。同時に、「盆さん、盆さん、無事に帰ってきなさいよ」というような内容の歌を歌って迎える地方もあります。

この日は先祖にごちそうを食べてもらうために精進料理を用意し、果物や野菜などを仏壇や墓に供えます。このとき、盆棚と呼ばれる臨時の棚が、位牌《いはい》とともに野菜や果物を供える棚として用意されます。これも地方によって異なりますが、ススキを縄で束ねて即席の棚の上に置く場合もあります。

そして、朝、晩のご飯と水のお供えをし、ごちそうを毎日棚に飾ってご先祖に感謝の気持ちを伝えていくのです。

一六日が送り盆になります。迎え盆と同様に、家や寺の門前で送り火を燃やして、先祖が帰る道を明るく灯《とも》してあげようとします。有名な「精霊流し」という行事も、この送り盆の一種です。それまで盆棚に供えていた野菜や果物を敷き物などでくるみ、川や海に流すのです。

盆踊りは、このお盆期間に行なわれる踊りの催しです。先祖が無事に帰ってきて、食事を共にするという考えは、先祖と一緒に祝宴をあげる意味合いもありました。そんな日を村という共同体のなかで共有できた喜びを表現しようと、村にある広場に櫓《やぐら》を組み、その上で太鼓を叩き、歌を歌って踊ったのが盆踊りです。自分たちが楽しむだけではなく、祖先の霊を慰める意味合いも盆踊りには込められていたのです。

なぜ、赤いチャンチャンコを着るのか ◉還暦のお祝い

日本では、目上の人を尊敬することを学んで人は成長していきます。なかでも、もっと

も尊敬すべき目上の存在はというと、両親であるという人が多いのではないでしょうか。そんな両親に抱く自然な感情はというと、いつまでも健康で長生きしてほしいというものです。

両親の長生きを祝う儀式のひとつに、「還暦祝い」として赤いチャンチャンコに赤い頭巾《ずきん》を贈るというものがあります。

では、このように赤いチャンチャンコを還暦祝いとして贈るのはなぜなのでしょうか。

そもそも還暦とは何かというと、数え年で六一歳のことを指します。昔の暦は「甲《きのえ》、乙《きのと》、丙《ひのえ》、丁《ひのと》、戊《つちのえ》、己《つちのと》、庚《かのえ》、辛《かのと》、壬《みずのえ》、癸《みずのと》」という十干《じっかん》と、「子《ね》、丑《うし》、寅《とら》、卯《う》、辰《たつ》、巳《み》、午《うま》、未《ひつじ》、申《さる》、酉《とり》、戌《いぬ》、亥《い》」の十二支が組み合わさってできたものです。この両方の数である一〇と一二の最大公約数が六〇であることから、六〇歳を迎えた数え六一歳で暦が一巡したと考えられました。

健康医学が発達した現代では、六〇歳はまだ現役の世代ですが、平均寿命が短かった昔では、六〇歳という年齢を迎えたことは、人間が天命として与えられた六〇年間を生き抜いたことを意味していました。経済的に苦しかった時代には、六〇歳を迎えると姥捨《うばすて》山へと捨てられたという悲しい逸話が残されているほどです。

●六〇歳にして生まれ変わる

いっぽうで、元気に人生の一サイクルである六〇歳を迎えることができ、新たに六一歳に向かって人生の歩みを進めようとする老人にたいしては、人間が生まれ変わったことを意味するという考え方も広まるようになっていきます。

つまり、還暦は二度目の誕生であるとしてめでたい年齢であるとしたのです。これが還暦祝いの習慣へとつながっていきました。最初は人生における引退期という考えが強かったこともあり、還暦を盛大に祝うようになったのは近代になってからです。このとき、お祝いに贈る品として赤いチャンチャンコが選ばれて継承されていくことになりました。

なぜ赤いチャンチャンコだったのか。じつは、チャンチャンコに重要な意味はなく、赤い色であることが大切だったのです。

赤色は、日本において古くから魔除《まよ》けの効能があると考えられてきました。悪霊を威嚇《いかく》して追い出す強い意志と迫力のある色彩であることから信じられたようです。

生まれ変わった還暦の人にたいして、これからも悪霊にとりつかれることなく元気で健やかに過ごしてもらいたい。そんな尊敬と愛情を込めた思いから、赤い色に染まった衣類を贈ったことが発端《ほったん》だったことは容易に想像がつきます。

六〇歳はまさに定年退職を迎え、現役から引退して隠居する年齢と考えたことからも、自宅でゆったりと着こなせて、風邪の防止などにも役立つチャンチャンコや帽子が選ばれたのです。ですから、赤色であれば還暦を祝う品として問題はなく、まだ現役の両親に対しては、赤いマフラーやセーターを贈っても問題はありません。

大切なのは、いつまでも元気で過ごしてほしいと願う気持ちを込めること。そうすることで、目上の人を尊敬し尊重してきた、和の伝統にのっとった好意の表現ということができるからです。

赤ちゃんを守るために行なうユニークな儀式 ◉雪隠参り

この世を去り、来世へと旅立った人を優しく見送るための儀式や作法が守られてきたのと同様に、去る者あれば来る者ありで、この世に生を受けた赤ん坊を大切に育むための儀式や作法も、日本人は大切にしてきました。

そもそも新生児を「赤ちゃん」「赤子」などと形容することから、日本人がこの世に誕生した新しい生命を大切に守ろうとする意思を感じとることができます。

前項でも紹介しましたが、赤い色は悪霊の侵入を防ぐ魔除けの効果がある色だと考えられてきました。肌の色合いが赤く染まっていることから「赤ちゃん」と呼ぶようになったという説もありますが、もうひとつ新生児に赤色をつけて赤ちゃんと呼ぶことで、生まれたばかりの生命を病魔などから守ろうとしたというのです。

当然、赤ちゃんという名称だけではなく、赤色をふんだんに新生児から乳幼児、幼児の成長期に配した儀式も、日本人は用意しました。赤い糸を使って背守り(幼児の着物の背中にお守りとしてつける紋)を縫いつけてみたり、赤色の座布団の上で昼寝をさせたりする風習は、子供の悪魔払いを願う両親の気持ちから生まれたものです。

それだけではありません。昔は子供が三〜四歳、あるいは六〜七歳に成長すると、男子には赤い褌《ふんどし》をしめさせました。女子の場合は赤い腰巻きです。ここまで徹底的に赤色の呪力を信奉《しんぽう》していたのです。

●「異界への入り口」と信じられていたトイレ

健やかな成長を願う家族の気持ちは、赤色にこだわるだけではとどまりません。地方によっては、ユニークな魔除けの儀式が誕生していた例もあります。そんな儀式のひとつに

「雪隠参り《せっちん》」があります。

これは東日本の一帯でかつて行なわれていた儀式で、雪隠、つまりトイレへ赤ちゃんを連れてお参りをするというものでした。正しくは、生後七日目の赤ちゃんをとりあげた産婆さんが抱き、トイレへと連れていき、肥溜《こえだ》めのなかを覗くようなしぐさをするという儀式です。

当時は現在のように産婦人科に入院して出産の時を迎える習慣はほとんどなく、助産婦、通称「産婆さん」の介助のもとで出産するのが一般的な方法でした。

その産婆さんが、なぜトイレへ生まれたばかりの赤ちゃんを連れていったのでしょうか。

それは、当時のトイレの構造や位置などが関係しています。

快適な空間ともいえるようになっている現代のトイレとは異なり、昔のトイレは汲《く》み取り式でした。そのうえ、地方の家ともなると、たいていトイレが設置されているのは屋外で、暗く、不気味な場所でした。そして、幼い子供が不注意で肥溜めに落下する事故が多く発生したこともあり、「トイレは悪霊が住みつく場所だ」とか、「この世との境界線が存在する」と信じられていたのです。

そんな場所に、産婆さんが生まれたばかりの子供を連れていくことで、悪霊払いをすることが雪隠参りの目的でした。経験も知識もない新生児がトイレの境界線から異界へ引き込まれてしまうことを防ぐためにお参りしたのです。

別の地方ではトイレではなく、当時、同様の危険な場所といわれた井戸やかまど、自宅付近を流れる川へと連れていくお参り方法もありました。

トイレが改良された現在では、ほとんど消滅してしまった習慣となりましたが、子供の健やかな成長を願う気持ちは、昔も今も変わりはないのです。

トイレに参ることには
「厄除け」の意味があった

多くの縁を呼び込む親心にあふれた儀式◉お宮参り

時代の変化とともに消滅した雪隠参りとは異なり、現在も子供の誕生を祝う儀式として受け継がれているものにお宮参りがあります。

お宮参りは、誕生してから間もない時期に神社にお参りし、神社の氏神様の氏子《うじこ》の一員として加えてもらう儀式です。同時に、産後の肥立《ひだ》ちに悩むなど、母親にとって苦しんだお産の忌《い》みが明けたことを祝う儀式でもあります。

地方や神社によって異なりますが、男児の場合は生後三〇日から三二日目、女児だと二九日から三三日目にお参りするのが一般的です。ちなみに、女児のほうが早くお参りする傾向にありますが、これは女児のほうが、成長が早いためだというのが理由です。

もっとも、最近ではお参りする日取りは都合の良い日を選ぶ風潮《ふうちょう》になっています。しきたりにとらわれることなく、赤ちゃんや母親の健康状態や、当日の天候などを考慮しているというわけです。

また、お宮参りも正式な手順を踏まずに簡略化する傾向が強くなっています。本来は、神社の神官にお願いして祝詞《のりと》をあげてもらい、子供の健やかな成長を願って合掌します。しかし、最近では神前で合掌して祈願するだけで済ます人も多くなってきました。

このほかにも、かつてはお宮参りにさまざまな決め事が存在していました。そのひとつに、お宮参りで連れていった赤ちゃんを泣かせるというものがありました。たとえ赤ちゃんがスヤスヤと眠りについていても、わざと頬をつねるなどして意図的に大声で泣かせていたのです。

これは、氏子になるというお宮参り本来の目的が関連しています。神社の氏子に加えてもらうこととともに、我が子をより強力に守ってもらいたい。そのためには、氏神様に赤ちゃんを深く知ってもらう必要があります。

ところが、生まれたばかりの赤ちゃんはまだ言語能力が未発達です。そこで、赤ちゃんを泣かせることで、言語の代わりとして氏神様とより深いコミュニケーションを交わしてもらおうと考えました。これがお宮参りで赤ちゃんを泣かせる理由です。

●母親を気づかう決まり事とは

また、お宮参りには母親は行ってはならないという決まり事があった地方も存在します。

先に子供を産み落としたばかりの母親は、忌みの時期にあると紹介しましたが、忌みという形容からも想像できるように、この時期の母親は穢れているのでお宮参りには帯同《たいどう》しないほうがいいという信仰も存在していたのです。

この忌みは、生後七五日間続くといわれているところもあり、それではお宮参りに間に合いません。この背景には、産後の体力低下による母親の健康を気遣《きづか》う配慮から生まれた方針だという説もあります。

その代わりに、赤ちゃんにとって祖母になる産婦の母親が、代わりにお宮参りにいくことがよしとされる地方もあれば、父親方の祖母が連れていくという地方もあります。父方の祖母の場合では、子供は夫婦ふたりの喜びの対象だけにはとどまらず、代々受け継がれてきた家の後継者が誕生した喜びをあらわすという意味合いも込められていたといわれています。

信仰の対象である神社の氏神様との縁を大切にし、さらには周囲への新しい生命の誕生のご披露を兼ねるなど、お宮参りには子供を授かった喜びと健やかな成長を願う儀式だけにとどまらず、神との縁、ご近所との縁を結ぼうという親心がこもった儀式として、いろいろな習慣をともないながら現代に受け継がれることになったのです。

「年末の大掃除」の思わず納得の理由◉大晦日の過ごし方

送ること、そして迎えることに感傷的と思えるほどこだわる日本人の伝統は、人の生死の問題だけにとどまりません。自分の力だけではいかんともしがたい「時間」にたいしても、細やかな儀式、習慣を育んでいきました。

なかでも、日本人がもっとも大切に考えた時間は、大晦日《おおみそか》から正月にかけてです。世界各国でも正月は大きなイベントになっていますが、行く年、来る年をとくに重視する日本の人々は、年の瀬から年明けの時期を大切に過ごすよう心がけています。

新しい年を迎えるために、師匠でさえも走り回ることから、日本人は一二月を「師走《しわす》」と呼んできました。師走、とくに大晦日を迎えようとする時期の年中行事のひとつに、家の大掃除があります。

「忙しい時期なんだから後回しにして、正月になってから掃除をすればいいのに」と合理的に考える人もいるかもしれません。しかし、年が明けてからの掃除は、避けるべきことだという信奉がしっかりと日本人のあいだには根付いており、それには日本人らしい理由もあったのです。

じつは、年明け、なかでも元旦に掃除をすることは、厄難《やくなん》を招くと信じられてきました。その理由として、元旦は一年のスタートを切るおめでたい日であり、この日は家のなかに福の神が舞い込んできていると信じられてきたことが関係しています。

つまり、せっかく舞い込んでいる福の神を、掃除をして外に追い出してしまう行為は、滅相《めっそう》もない愚行《ぐこう》であるため、どんなに忙しくとも暮れの時期に大掃除を済ませたのです。

●なぜ、「夜ふかし」が奨励されたのか

そんな忙しかった年の瀬も大晦日を無事に過ごし、新年を迎えようとする段階までいたると一安心です。家族でゆっくりと団らんして、年が明ける瞬間を待ちます。

日本には、正月の準備で疲労が蓄積しているからといって、大晦日の夜は寝てはならないという決まり事が受け継がれている地方があります。これは西日本よりも、主に東日本に多い傾向です。

大晦日を寝ないで過ごさなければならない理由はどのようなものなのでしょうか。それは、家の火を絶やすことを避けるためだというのです。

行く年と来る年を迎える日において、家の火を継いでいくことは大切だという信仰が根底にあるといえるでしょう。火は存続の象徴です。眠ることによって火が絶やされたりしたら、その家の福も途絶えてしまい、家の存続が危うくなりかねないと危惧《きぐ》を抱いたため、夜更かしをして新しい年を迎えることが習慣化されていきました。

また、死を迎えたことを「永眠する」と形容するように、眠ることは死を連想させるため、不吉であることも理由のひとつになっています。眠ってしまうとたちまち白髪になってしまい、死へと近づいてしまうと信じられている地方があるほどです。

家および自分自身に不吉な事態を招くことは避け、正月という新たな時間を手もとに招き寄せたい。そんな繊細な心が、大晦日の夜更かしを奨励する風習へと発展していったのです。

五章

自然と調和し、生を大切にする心から生まれるふるまい

人生を四季と重ねていく美しい感性が生み出した習慣◉衣替え

最近、アンティーク着物、昔着物などと呼ばれる古い着物が、おしゃれな女性たちに注目されています。七五三と成人式でしか着物を着たことのない人たちが、日本ならではの衣装のすばらしさを再発見しているのです。

彼女たちが魅力を感じるポイントのひとつは、多彩な文様《もんよう》の美しさだといいます。四季折々の気候や花などを表現した文様は、日本人がいかに自然のなかに美を見出《みいだ》し、身にまとって楽しむ粋《いき》な心をもっていたかを示しています。花の名前も咲く季節もわからない人が増えていますが、昔の人と同じように美しいと感じる心は持ち続けているのです。

四季に恵まれた日本において、移り変わる大自然のありさまに驚嘆し、神秘を感じたのは自然な心の動きだったのでしょう。作物を育て、糧《かて》を得る農耕民族として、天候の変化に敏感であったということもあります。

種から芽が出て、木々が芽吹き、堅いつぼみがやがてほころび、花を咲かせ、実りをもたらすさまに、人々は一年、さらには一生のサイクルを重ね合わせ、自然の力を神のなせる業《わざ》として尊《とうと》び、生きていく力を得ようとしました。自然とともに生きるなかで、季節と調和し、心豊かに生きる術《すべ》に磨きをかけてきたといえるでしょう。

そんなふうに築かれた伝統文化は、現代の日本人にも確実に受け継がれています。昔の着物の美しさに胸を打たれるのも、無意識のうちに和のこころが脈づくからなのかもしれません。

●模様替えも同時に行なわれていた

自然と調和して生きる日本人は、昔から季節の変化に応じて「衣替え」をしてきました。平安時代の朝廷では中国の習慣にならい、旧暦の四月一日からは夏装束《しょうぞく》、一〇月一日からは冬装束に替えると定めていました。旧暦では四月から夏、一〇月からは冬となります。

衣と同時に調度の入れ替えも行なわれました。間仕切《まじき》りや目隠しに用いる几帳《きちょう》も、夏になれば薄い素材で夏らしい絵の描かれたものに取り換えるといった模様替えが行なわれたのです。風の通りなどを調節する目的もありましたが、視覚的にも夏は涼やかに、冬は暖かく感じられるものに替えていたことがうかがわれます。

江戸時代になると、幕府はもっと細かい決まりを作りました。五月五日から八月末まで夏服の帷子《かたびら》を、九月九日から三月末まで冬服の綿入れを、さらに、その中間として裏地のついた袷《あわせ》を着る期間を定めたのです。旧暦で四月一日から五月四日と、九月一日から九月八日の期間です。

日本人が季節の変化に服装を合わせようとする意識は、欧米などとくらべても強いように見受けられます。重いコートを脱ぐか否かの違いだけでなく、春や秋の寒暑の合間に合い服、合い着などと呼ばれる服を軽やかに身にまとう人々の姿は、物質的な豊かさのみならず、感性の高さ、心の豊かさを物語っているといえるでしょう。

ちなみに、現在、制服のある学校や職場では、衣替えは六月一日と一〇月一日とされているところが多くなっていますが、これは明治時代に洋装が広まるなかで生まれた慣習を引き継いだものです。

なぜ、正月に餅を飾るのか ◉鏡餅

正月というと、切っても切れない食べ物がいくつか存在します。その代表的な一品がお餅《もち》。正月を迎えるにあたって、焼く、お雑煮にして食べるなど、さまざまなアレンジで食卓に供されます。

正月だけではありません。餅は祭礼や冠婚葬祭、新築の家の棟上《むねあ》げのさいなど、おめでたいとき、その場所で用意される食べ物として日本の人々のあいだに浸透しています。つまり、ハレの日を迎えたさいの食卓を飾る食べ物にふさわしいものとして信奉《しんぽう》してきたのです。

もともと、日本人は、餅は特別な力が宿っている食べ物だと信じてきました。農耕を主体とし、米作の出来不出来で一家の財政状態が左右されていた日本人にとって、モチ米を炊いてつき固めた餅は特別な存在だったのです。

餅はついた後に放置しておくと硬くなります。この硬さにも日本人は神秘的な一面を見出していました。もともとは軟らかく、粘り強く仕上がった餅が、時を経《へ》るにつれて強固な硬さを帯《お》びてくる。そこに力強さを感じたのです。

硬くなったものを食べると、健康と長寿を得られる。そんな信仰があったことも、日本人が餅を特別視する一因となっていきました。平安時代には、習慣となっていた健康と長寿を願う「歯固め」の儀式を執《と》り行なっていた記録が残されています。そのほかにも、貴族のあいだでは、子供の生育を祝う儀式として頭の上に餅を載せる「戴き餅」も行なわれ

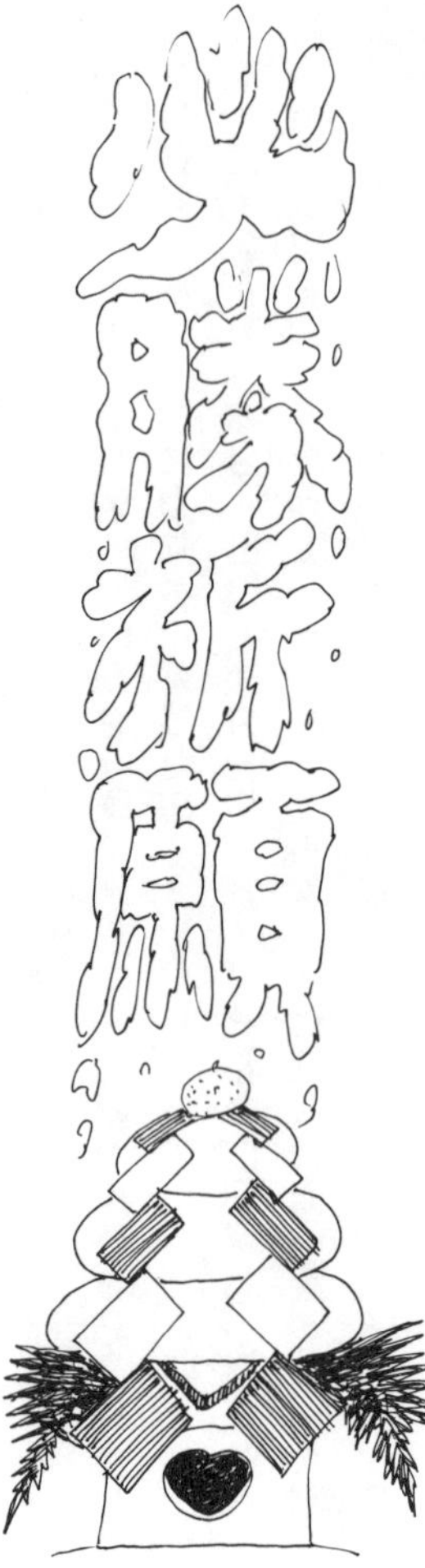

戦いに臨む武士にも
欠かせない食べ物だった

ていました。いつしか、日本の人々は、餅は神様から賜《たまわ》ったものとしておめでたく、ありがたい食べ物と考えるようになっていったのです。

当然、神や仏への感謝の念を表現してお供《そな》えする食べ物としても、餅を選択するようになっていきます。やがて、日本人は餅を丸く仕上げ、何段かに積み重ねる鏡餅を考案し、それを神棚に飾るようになりました。

鏡餅の鏡とは、三種の神器《じんぎ》のひとつ「やたのかがみ」の鏡からとったものだといわれています。三種の神器は天皇家の皇位継承者であることを証明するもの。それに匹敵《ひってき》するほど、神がかった力が鏡餅には宿っていると考えられたのです。武士のあいだでは、戦闘に臨《のぞ》む前に、鏡餅を割って雑煮にするなどして食べ、必勝を祈願することも慣わしとなっていきました。

●「鏡開き」の正しい作法

やがて、鏡餅は正月に神棚などに供えられるおめでたいものとして認知されていきます。そして、日本人のあいだでは鏡餅を供えるだけではなく、その後に食する習慣も根付いていきます。それが鏡開きと呼ばれる儀式です。

鏡開きは本来、正月の一一日に鏡餅を割って食べるのが正統だといわれていますが、地方によっては正月三日や四日、あるいは二〇日過ぎに行なわれることもあります。鏡餅を自分の腹のなかに入れることで、神様の魂が宿るうえに祝福を受けることができ、一年を無病息災で過ごすことができると信じたのです。

もちろん、そのままでは硬くて食べられません。鏡餅を木槌《きづち》で叩いた後に手で割り、雑煮にしたり、汁粉にして楽しむことが一般的となっていきました。

金属の道具などで鏡餅を割るのは、縁起が悪いといわれるのもこうした背景が関係しています。神の力を頂くのですから、力まかせに割るのはご法度《はっと》です。あくまでもやさしく木槌で叩き、最後は慈《いつく》しむように自身の手で神様のパワーを分けていただく。そんな畏敬《いけい》の念が、鏡開きの作法を生んでいきました。

作法だけではありません。餅を割るという表現は運を割ってしまうことにつながるために縁起が悪いと考え、運を開くにつながる鏡開きという儀式の名称まで与えています。そんな細部にまで配慮させた餅のパワーにも感嘆させられますが、信奉するもの、ことに徹底的に細部にまで気を配る日本人の伝統的な心構えにも感心するばかりです。

豆を撒《ま》く風習はどのように生まれたか ◉節分

二月の寒風をうけながら、玄関を開け放って「鬼は外、福は内」と唱えながら節分に豆まきをする光景は、今ではあまり見られなくなってしまいました。かつては、子供たちが元気な声を上げてはしゃぎまわり、鬼役の父親がお面をかぶって庭を逃げ回ったりしたものです。

この節分の由来は、中国の「大儺《たいな》」という風習だとされています。「鬼やらい」といって、桃の弓や葦《あし》の矢、楯《たて》と矛《ほこ》をもって鬼を追い、無病息災を願ったものです。これが日本に伝わり、「追儺《ついな》」と呼ばれて平安時代の朝廷や貴族のあいだで行なわれるようになりました。

ただし、もともとは豆を撒くことはなく、行なわれる日も大晦日《おおみそか》でした。新年を迎えるにあたっての除災招福の行事として、災いをもたらす鬼を追い払い、福を呼び込もうとしたのです。

そもそも節分とは、季節の変わり目を指し、年に四回あります。現在では二月三日頃の立春の前日というイメージが強くなりましたが、立夏、立秋、立冬の前の日も節分といいます。

立春の前日の節分だけが突出したのは、春、つまり一年のスタートにあたるからでしょう。旧暦では立春は一月の初めで、正月に含まれます。日にちが近いために、正月と節分、立春の行事のなかには混ざり合うものもあったのです。こうして、新年を迎える前夜に行なわれていた追儺が節分の行事となっていったと見られています。

●占いが変化して「豆まき」に

豆を撒くのも、新年の初めに一年の天候を占う豆占いから発展したものだと考えられています。いろりの灰の上に、それぞれをひと月に見立てて一二個の大豆を並べておき、白っぽく残った月は晴れが多く、黒こげになると雨が多いなどと占ったものです。豆まきで炒《い》った豆を使うのも、ここからきたようです。室町時代には豆を撒くことが定着していきました。

加えて、「まめ」は健康、忠実を意味する言葉でもあります。若い人にはあまりなじみがないかもしれませんが、「まめに暮らす」というように健康をあらわすほか、忠実、誠実といった意味もあります。豆を撒くことは語呂合わせにもなり、縁起をかついだのだと考えられています。

最近では、有名人なども招いての神社仏閣での盛大な豆まきの様子をテレビなどで見ます。これこそ豆まきと考えている人もいるかもしれません。参詣人はご利益《りやく》にあやかろうと、両手や帽子などを差し出して、年男、年女の撒いた豆を懸命に受け止めます。

しかし、本来の豆まきはあくまで家庭で行なわれるもの。「鬼は外」と唱えて外に豆を投げ、「福は内」と唱えて家の中に撒き、一年の無病息災を願って年齢プラス一個の豆を食べます。ひとつ足すのは、翌日の立春で年をとるとしていた頃の名残《なごり》です。

「女の子のお祭り」は花見の宴から始まった◉雛祭り

桃や桜が咲き始め春の訪れを誰もが実感する頃、女の子の祭り、雛祭《ひなまつ》りがやってきます。年中行事をほとんど行なわない家庭でも、女の子がいればやはり雛人形を飾ります。雛祭りは日本人の暮らしに今も深く根付いている行事といえます。

雛祭りが広まったのは江戸時代中期のこと。初めは紙で作られた紙雛《かみびな》でしたが、やがて布で作る内裏《だいり》雛に取って代わられました。内裏というのは天皇の住まう御所であり、雛とは卵からかえったばかりのひよこや、小さくて愛らしいことをあらわします。つまり、内裏雛とは天皇、皇后の姿に見立てた人形ということです。

紙雛は、もともと川に流すものでした。古代中国に三月の初めの巳《み》の日を「上巳《じょうし》」といって災厄よけをする風習があり、そこに日本の禊《みそぎ》の風習が重なり合い、流し雛が行なわれるようになったのです。今も川に流す行事が続いている地方もあります。

この時期に禊を行なうのは、春を迎えて本格的に農作業に入るため。田植えを前にして神様を迎えるために家をあけ、野山に出て身の穢《けが》れを洗い流して清め、災厄を取り除いたのです。そのなかで、穢れを紙の人形に移して、流すという風習ができました。

三月三日は村中打ち揃って野山に出かけ、咲き誇る花のもとで宴《うたげ》を開く節句の花見の日でもあり、その後で持参した紙雛を流しました。今でもひな壇には桃の花や白酒、草餅、果物などを供え、その前で会食を楽しんだりしますが、これも花見の宴が形を変えたものです。

●雛人形をめぐる考え方

また、「家のなかに飾った雛人形は早く片付けないといけない」といわれるのも、紙雛と違って高価な内裏雛は流せないので、その代わりに早く片付けるという意味合いが含まれているといわれます。厄払いのために、その日のうちに片付けなければいけないとされたのです。

加えて、飾りっぱなしは「季節はずれ」という意味もあるので、婚期を逃すともいわれます。娘が無事に育ったことを喜ぶと同時に、これからも健やかに成長し、早く良縁に恵まれて幸福になるようにと願い、早くから飾り、早くしまうということです。

ちなみに、内裏雛が登場してからも、その容姿は流行とともに移り変わり、寛永《かんえい》雛、享《きょう》保《ほ》雛、次郎左衛門雛、有識《ゆうそく》雛、古今《こきん》雛などの数々の名作が生まれました。それにつれて、内裏雛とともにほかの人形や調度なども飾るようになっていきました。

現在、豪華な雛飾りといえば、緋色《ひいろ》の雛壇が五段、七段と高く、いちばん上に男女一対の内裏雛を置き、後ろに屏風を立て、三人官女、五人囃子《ばやし》、左大臣と右大臣を並べるのが一般的ですが、これはもともと江戸のスタイルでした。いっぽう上方《かみがた》では二段ほどの雛壇を御殿のなかに組むスタイルでした。調度も江戸では武家、上方では公家《くげ》の嫁入り道具が用意されました。明治以降、東京の近辺で作られた江戸風の雛飾りが全国的に広まっていったようです。

最近では、「早くお嫁に行けるように」という願いに込められた女性の役割の固定化を嫌い、雛祭りを祝うべきか迷う人たちも出てきているといいます。たしかに、嫁入り道具を並べたさまは「いい相手のもとへ嫁ぐのが女性の幸福」と示しているようですが、その根底にあるのは娘の成長を喜び祝う気持ち、幸せを願う気持ちです。

見方を変えて原点にもどり、子供と一緒に紙雛を作ったり、桃や桜の咲く野山に家族で遊びに行ったりするのもいいかもしれません。

神と人との連携を強めるための儀式◉花見

現在では、花見といえば春のイベントといった観があります。各地の桜の名所では、家族連れや会社の同僚同士、若者グループなどが集まり、弁当を広げたり、酒を酌《く》み交《か》わしたりする姿が見られます。

花見の風習の背景には、桜を愛《め》でる感性に加え、自然とともに生きる姿勢、咲き誇る花に神を見る宗教観があります。節句の花見に身を清め、災厄を取り除く意味合いがあることはすでに述べたとおりです。

花のもとで宴を開くことは、神と人が共食する儀式でした。花は神の依代《よりしろ》(招きよせた神霊が乗り移ると考えられているもの)であり、供えたものを皆で食べ合うことで、神と人、人と人との連携を強めるという意味があります。ですから、農民たちは村中で出かけ、集団の連帯感を確かめ合い、高めようとしました。

いいかえれば、花のもとで飲食をすることは、大自然の摂理によって形となった生命に触れる行為ということなのです。花に依《よ》りついた神に触れ、盃や食べ物に花粉がかかるので健康になるとも信じられていました。この「花粉の成分に疲労回復の働きがある」ということは、今では科学的に証明されています。

農民にとって桜はとくに重要な花でした。「さくら」という名前自体が田の神の出現をあらわすといわれ、その開花は農耕の時期を知る目安でもありました。また、開花具合によって、その年の収穫や吉凶《きっきょう》を占うことも行なわれました。桜が散れば、田植えの時期です。農民たちは村中で出かけて身を清め、神に触れ、農作業を行なうために気力、体力を充実させたのです。

●現在のスタイルはいつ生まれたのか

いっぽう、上流階級においては、古くは桜より梅や桃のほうが好んで観賞されていました。桜の花見の宴が初めて開かれたのは平安時代のこと。嵯峨《さが》天皇による宴で、それ以降、観桜《かんおう》が盛んになっていったといわれています。その宴は、桜を愛でる詩を吟《ぎん》じるという優雅なものでした。

江戸時代になると、百万都市となった江戸において、上野の山などの名所に庶民がこぞって出かけるようになります。団子や焼き餅、饅頭、そばやうどんの屋台が軒《のき》を連ねたといいますから、現在の花見に通じるものがあります。

こうして一般庶民の娯楽行事となった花見ですが、江戸っ子たちは無粋《ぶすい》な真似を嫌い、粋《いき》な遊び方をしていたといいます。桜を傷つけたり、他人とむやみに衝突したりする今時の花見客の姿を見たら、大いに失望するに違いありません。

冬の寒さから解放され、エネルギーを発散させたくなる気持ちは、昔も今も変わらないもの。連帯感を強めるという目的も今に通じるものがあります。できるならば、自然の神秘をありがたく受け止める謙虚さ、桜の美しさに感動する感性、粋に遊ぶ心をも呼び起こし、伝統ある風習として受け継いでいきたいものです。

「菖蒲湯」と「鯉のぼり」に込められた願いとは ◉端午の節句

端午《たんご》の節句といえば、鯉のぼりを揚げ、菖蒲湯《しょうぶ》に入るという風習があります。すがすがしく晴れ渡った青空に泳ぐ鯉のぼりは、最近では数が減ったとはいえ、日本ならではの風物詩といえるでしょう。菖蒲湯についても実践している家庭は減っているでしょうが、銭湯などでも行なわれ、多くの人をひきつけています。

この節句は、中国の風習にならい、宮廷が「五節句」のひとつとして定めたものです。端午とは「月の初め五の日」をあらわし、五が並ぶ五月五日が端午の節句となりました。意外に思うかもしれませんが、菖蒲湯にくらべると、鯉のぼりの歴史はさほど古くありません。農耕民族の日本人にとって、菖蒲湯のほうが重要な意味合いをもっていたのです。

もともと旧暦の五月五日は、田植えに先立って早乙女《さおとめ》（田植えをする女性）たちが家にこもり、神祭を行なう日でした。早乙女たちは、菖蒲を屋根に載せて家を清め、菖蒲の鉢巻きをし、菖蒲湯で身を清めたのです。そのあいだ男性は外に出ていることになっていました。

菖蒲湯だけでなく、菖蒲を家の軒に吊《つ》るす風習は今も残っていますし、関東には子供が菖蒲の束で地面をたたいて歩くというものもありました。菖蒲には厄除け、魔除《まよ》けなどの不思議な力があると昔から信じられていたのです。

菖蒲湯に入る理由については、魔除けのほか、病気にならず丈夫になるとか、勝負事に勝つ、ヘビに咬《か》まれないといった言い伝えがあります。

これはあながち迷信とはいえません。菖蒲湯は体を温めるので腰痛や痛風に効果的ですし、菖蒲を煎《せん》じて飲むと鎮痛、健胃、利尿の働きがあるといわれています。あまり知られていませんが立派な薬草なのです。

旧暦の五月五日は現在の六月上旬にあたり、梅雨入りの頃です。現在とは違い、端午の節句はじめじめと湿度が高く、ものは腐りやすく、疫病や害虫も出やすい時期だったのです。菖蒲の魔除けの力の恩恵を受けようとしたのも当然でしょう。

●鯉のぼりの風習は江戸時代から

鯉のぼりなどの風習が生まれたのは、江戸時代になってからのこと。武家を中心として男子の成長を願う行事が行なわれ、ここへきて、女性が行なう神祭から男の子の祭りへと変化していったのです。

幼くして命を落とす子が多かった時代ですから、世継ぎである男子が無事に成長しないことには家が取り潰されるおそれがあります。それだけに、強い願いが込められ、飾りつけも発展していきました。

鯉のぼりのルーツは、戦国時代に武士たちが掲げたのぼりにあります。陰陽道《おんみょうどう》の五行の色の旗が魔除けになるとして五色ののぼりが飾られ、やがて吹き流しとなりました。そして、鯉の絵を描いたのぼりから、鯉の形をした鯉のぼりが生まれたのです。

鯉は流れにさからって川を上ります。滝を登れば竜になるとも信じられていたため、出世をあらわすとして武士たちに喜ばれました。ちなみに、武士の家でも菖蒲は飾られました。これは「尚武《しょうぶ》」との語呂合わせで、めでたいと見なされたためです。

七月七日に、なぜ日本人は願いを込めるのか◉七夕

神様など信じないから願かけなどしないという人でも、子供の頃は、七夕になると短冊に願い事を書いて笹竹に吊るしたのではないでしょうか。「算数ができるようになりますように」「泳げるようになりますように」といった目下の悩み解消から、「プロ野球の選手になりたい」「歌手になりたい」といった将来の夢までが五色の短冊に書かれている光景は、じつに微笑ましいものです。

また、ロマンスにあこがれる乙女たちは、「今夜は晴れますように。織姫様が彦星様と会えますように」などと手を合わせて祈ったりもします。

このように今の暮らしにも根付いている七夕の行事ですが、歴史をたどると「棚機《たなばた》」という古代の神事にルーツがあります。旧暦の七月一五日に水の神が天下ってくるといわれ、

川や海、池のほとりなどに棚の構えのある機《はた》を用意し、村で選ばれた穢れを知らない乙女が神聖な織物を織って捧《ささ》げたというものです。

乙女は神に一夜仕え、これにより災厄と疫霊をはらうと信じられていました。棚の構えのある機を織るので「棚機」といい、織物を織る乙女を「棚機つ女《たなばため》」といいます。

●数々の信仰が融合したお祭り

この儀礼は、やがて仏教の広まりとともに変化を遂げていきました。亡者《もうじゃ》を救う仏教の行事「盂蘭盆《うらぼん》」となり、棚機はその準備の日として七月七日に早められることになりました。また、願い事をするのは、中国の星祭りからきています。星祭りは裁縫や書道などの技術向上、芸能の上達を願って行なわれたものです。

織姫、彦星の伝説も、中国に由来します。彦星、すなわち牽牛星《けんぎゅうせい》は農事を、天の川をへだてた織姫の星、すなわち織女星《しょくじょせい》は裁縫や養蚕《ようさん》をつかさどると考えられていました。ふたりは仲睦《なかむつ》まじい夫婦だったのですが、仕事を怠けて天の神の逆鱗《げきりん》に触れ、引き離されたのだといいます。

そして、結ばれることが許されないふたりが、一年に一度だけ、天の川に羽を広げるカササギを仲立ちに会うことができるという悲恋の物語です。

江戸時代になり、幕府が七夕を五節句のひとつとしてからは、庶民のあいだにも広まりました。この時期は収穫の秋をひかえていることもあって、心身を清めて願い事をするのにちょうど合っていたのでしょう。水浴びをしたり、子供を海に入れたり、井戸をさらったりする風習が多くの地方で生まれました。有名な青森のねぶたも、夏の睡魔をはらう眠り流しで、穢れを形代《かたしろ》に移して流すというものです。短冊をつけた笹竹も、七夕送り、七夕流しなどと呼んで川や海に流したものでした。

このように中国の祭りや伝説、日本古来の神事、仏教などが融合して生まれたのが七夕祭りです。最近では集客のために商店街などがこぞって飾りつけをするようになりましたが、本来は天の下で生きる人々の素朴な願いが込められているのです。

不老長寿への願いが「月のうさぎ」を生んだ◉お月見

電気がなかった時代の夜空はさぞかし美しかったことでしょう。今では、人里離れた場所へ行かなければ、満天の星空を眺めることはできなくなりました。

それでも、往時と同じように都会でも観賞できる大きな天体があります。地球の衛星である月です。なかでも、澄み渡った空に浮かぶ真ん丸い月は心にしみいるもの。すがすがしい気持ちに満たされます。

中秋の名月を迎える日になると、人々は縁側など月見ができる場所に小机を持ち出し、花瓶にすすきを生けて飾りました。三方には半紙を敷き、団子を供えます。ほかに、芋などの田畑の初物、柿などの果物も添えました。そうして一家揃って月を観賞したのです。

そもそも、なぜ中秋の名月というのかといえば、旧暦で秋は七月から九月であり、八月は秋の真ん中だから中秋ということ。旧暦の一五日頃は毎月満月ですから、その美しい月を中秋の名月といい、お月見を楽しんだのです。

これも、中国にならって始めた朝廷による宴がもとになっていますが、日本にはそれ以前から月の光を浴びて不老長寿を願う風習がありました。月ではうさぎが月桂樹《げっけいじゅ》の葉をついて不老長寿の薬を作っていると信じられていたためです。月のうさぎは餅をつくだけではなく、人間の永遠の願いともいえる薬をも作っていたわけで、月光浴をすればその恩恵を受けられると考えたのです。

団子などのお供えは、神格化したお月様にたいして秋の収穫への感謝を込めてするものです。この日は古くから初穂祭《はっほ》が行なわれてきた日でもあり、採れたばかりの芋《いも》がお供えのメインになったため、芋名月とも呼ばれました。月見団子が供えられるようになったのは、里芋が変化したものだろうといわれています。

●月見が二回行なわれる理由

今ではお月見をするといえば、中秋の名月というようにイメージが定着していますが、かつては旧暦の九月一三日に十三夜を祝うことも広く行なわれていました。十三夜を栗名

収穫への感謝を
月に込めていた

月、豆名月と呼んで、栗や枝豆を供えた地方もあります。

また、「十五夜を祝うなら、十三夜も祝わなければいけない」という言い伝えもありました。一方だけでは片見月であるとして忌《い》み嫌われたのです。これは中国にはないもので、月見を二回行なうのは日本だけ。対《つい》にして考えられていたようです。

現代では忘れられがちなお月見ですが、都会にあっても秋の味覚は楽しんでいるはずです。収穫を与えてもらったことへの感謝を込めて、夜空を眺めれば、季節の移り変わりが身近に感じられ、月の光によるリフレッシュ効果も得られるというものです。

「生命のはかなさ」を感じられる日本ならではの風習

◉紅葉狩り

秋の行楽シーズンを迎えると、人々が盛んに話題にするのが紅葉。「今年こそ京都に紅葉を観に行く」という人もあれば、「近所の公園のもみじが色づき始めた」「テレビのニュースで今年は紅葉が遅いといっていた」などと世間話のタネにする人も多くいます。

秋は冬へと移り変わる前の季節であり、物悲しい気分になるという人も多いものですが、夏の暑さの後では過ごしやすく、外出にぴったり。野山に燃えさかる紅葉は、日頃は自然に関心がないという人の心にも強くアピールします。

古代の日本人は、紅葉は生命力が極致にまで達した状態だととらえました。楓《かえで》のほか、楢《なら》、櫟《くぬぎ》、黄櫨《はぜ》などの落葉樹は紅葉が終われば、枯れ葉となって散り行くだけ。何ともはかないものですが、昔の人はそこにも生命力のあらわれを見たのです。

●花の霊力と自然美の追求

花見をするときに花のもとで宴を開き、神との一体化をはかったように、古代の日本人は紅葉のもとにも入っていきました。枝を折って身につけるなどして、その霊力にあやかろうともしました。

奈良県の談山《たんざん》神社では、紅葉の大枝を神様に捧げる紅葉狩りの儀礼が行なわれています。自然のいたるところに神の力を見た日本人は、鮮やかな紅葉を前にしても感謝を捧げました。紅葉を愛でる気持ちと宗教観が深く結びついていることがうかがわれます。

花ではなく、紅葉を観賞するために遠出するというのは、諸外国では見られない風習です。温帯にあり、降雨量が十分にあるという条件だからこそ得られる楽しみでもありますが、自然の美をどこまでも追求しようとする日本人らしい和のこころをあらわしているといえるでしょう。

また、花見と同じように、参加した人同士の連帯をはかる働きもあったはずです。ともに霊力に触れ、ともに生きていく力を強めようとしたと考えられます。

ちなみに、もみじとは、古語の「もみず」が語源。緑の草木が寒気により赤や黄色、褐色などに変わっていくことを「もみず」といいました。紅葉はそれに漢字をあてたもので、なかでも楓の人気が高く、広く親しまれています。江戸時代の植木職人たちが盛んに品種改良を進めたことが功を奏し、現代人は一〇〇種類以上の楓を見ることができます。

なぜ、華やかな装いでお参りをするのか　◉七五三

一一月一五日の七五三の前後になると、街なかでも着飾った親子の姿をよく目にするようになります。美しい着物を着て、うれしそうにはしゃいでいる女の子もいれば、緊張と疲労のためかぐずり始める男の子もいて、傍目《はため》にも微笑ましい光景です。

現在では、あまり慣習にこだわらず、その後も着られる洋服を用意するケースが増えていますが、やはり正式には着物をまとうという決まり事は生きています。三歳の女の子は

お宮参りのときの祝い着、五歳の男の子は熨斗目《のしめ》か紋付《もんつ》きの羽二重の着物に紋付きの羽織と仙台平《ひら》の袴《はかま》、七歳の女の子は総友禅の本裁ちの着物とされています。

こうした晴れ着を着て神社にお参りするのが七五三です。そのルーツは、三歳の髪置き、五歳の袴着、七歳の帯解きにあるといわれています。

●原型となった儀式では何が行なわれたのか

昔は今と違って幼い子供が命を落とすことがよくありました。「七つ前までは神のうち」といわれ、いつ神に引き戻されるか、つまり死んでしまうかわからないと考えられていました。それほど危うい存在だったのです。

そして、幼児や少年の段階ではそれぞれ与えられる権利や義務が異なり、それぞれに達したときに行なわれた行事が七五三の原型になったといいます。

三歳の髪置きとは、それまで剃《そ》っていた髪をのばし始める儀式。錦で子供の頭を包みました。この後は、剃るのは側頭部だけになり、頭頂部は丸く残してのばした髪を結ぶようになります。

髪置きは武家の行事で、五歳の袴着は中世の貴族社会での風習です。初めて袴を着せることで、一人前の子供の仲間入りをさせたのです。吉方《きっぽう》を占う道具であった碁盤の上に、吉方を向いて立ち、袴をはき、小袖《こそで》を身につけました。女の子も袴をはいていた頃には、男女を問わずに行なわれた儀式でした。

七歳の帯解きは、とくに重要なものでした。幼年期が終わり、神様と社会からひとりの人間として認められ、迎えられることになるからです。女の子は付け紐だけで着ていた着物を本式の帯を締めて着るようになります。帯結び、紐落とし、帯直しなどともいわれます。一説には、男の子も同じように祝ったといいます。

各年齢での儀式が
融合して現在の形式に

また、七歳になると氏子《うじこ》として認められるため、神主から氏子札が与えられる儀式を行なった地方もありました。こうして、新しい着物を着て氏神様にお参りするという風習は、公家や武家から農民にまで広まっていきました。無事に育った感謝を捧げ、健やかに成長することを祈ったのです。

ただし、年齢は地方によって異なり、一一月一五日という日付が確定したのも、江戸時代の三代将軍徳川家光の頃のこと。のちに五代将軍綱吉となる家光の四男が虚弱であったため、五歳の祝いを最上の吉日である「鬼宿日《きしゅく》」に執《と》り行なったことに由来します。稲刈りを終え、神に酒と新穀を供えて感謝を捧げる祭りの日でもありました。

いつの世にも子供の成長を願う親の心に変わりはありません。だからこそ、信仰の薄れた現代にあっても、節目節目で子供を守ってくれる神様に感謝を捧げるという儀式が何の違和感もなく続けられているのでしょう。

夜更かしをするのは、天に悪事を報告されないため ◉庚申会

都会で暮らす人にはあまりなじみがないかもしれませんが、庚申《こうしん》の日に人々が集まる庚《こう》

申会《しんえ》という信仰行事があります。全国的に見られるもので「庚申待」とも呼ばれ、その集まりは「庚申講」といいます。

仏教を信仰する家では、青面金剛《しょうめんこんごう》を祭り、徹夜をします。庚申は「かのえさる」であり、申は干支《えと》の猿であることから、猿を神の使いとする山王二十一社の信仰に結びつき、青面金剛を祭ることにつながっていきました。いっぽう、神道《しんとう》では、猿田彦の神を祭ることになっています。

このように日本に浸透していった庚申会ですが、興味深いことにそもそものルーツは中国の道教《どうきょう》の教えにあります。庚申の夜、眠ってしまうと、体のなかにいる三尸《さんし》という虫が抜け出てきて天に上り、どんな過ちを犯したかを天帝に報告してしまうという教えです。悪事をあばかれると、早死にしてしまうといわれています。

このため、虫が抜け出ないように眠らずにいたのが庚申会。ただ起きていればいいというのではなく、身を慎み、お経を読誦《どくじゅ》したりしました。

身を慎むため、夜の営みも禁忌《きんき》とされました。せっかく起きているのだから楽しもうというわけにはいかなかったのです。「庚申の夜に交わってできた子は泥棒になる」と戒《いまし》められました。大泥棒として世に名を響かせた、あの石川五右衛門は庚申の夜にできた子だと伝えられています。

●催事へと変化を遂げた理由とは

しかし、一晩中ただおとなしくしているというのは、やはり退屈です。何もせずにいたら、睡魔にも襲われます。そうしたこともあってか、次第に村の人たちや縁者などが集まり、酒を飲んだり、食事をしたり、話に花を咲かせたりする催事になっていきました。社交的な側面が強くなっていったのです。

現在では宗教、信仰というと、厳しい戒律《かいりつ》を守らなければいけないもののように受け止めがちですが、それは西洋のキリスト教文化の影響が強いためかもしれません。

大自然のすべてに神の力を見た日本の宗教観は、一神教とはまったく違います。真摯《しんし》に祈りを捧げるいっぽうで、おおらかで柔軟なところがありました。あらゆるものから霊力を得て、無病息災を願いながら、周囲と調和し、連帯して生きていくことを大切にしていたのです。

おわりに——

先人たちが生み出し、現代へと受け継がれてきた「和のふるまい」の数々を紹介してきました。その伝統的な作法やしぐさ、しきたりが持っている教えや知恵を再確認し、改めて深く感心したという方も多いことでしょう。

あくせくした生活に埋もれてしまいがちな現代の私たちですが、紹介した「ふるまい」を実践すれば、きっと忙しい日々に潤《うるお》いを与えてくれることと思います。

本書が、洗練されたふるまいを身につけるために役立ち、心豊かに生きるための一助《いちじょ》になれば、著者としてこれに勝る喜びはありません。

◉参考文献

『男の礼儀作法マニュアル』ランダムプレス(KKロングセラーズ)/『お江戸の意外な生活事情―衣食住から商売・教育・遊びまで』中江克己/『小笠原流礼法 美しいマナー心得』小笠原敬承斎/『なるほど! 民俗学』新谷尚紀/『日本人ことはじめ物語』米山俊直(以上、PHP研究所)/『江戸の食生活』原田信男(岩波書店)/『やさしい日本人さびしい日本人』樋口清之(ごま書房)/『和の作法』馬場啓一(夏目書房)/『やさしくわかる仏教』佐々木宏幹(ナツメ社)/『しぐさの民俗学』常光徹(ミネルヴァ書房)/『伝統文化の心』生方徹夫(モラロジー研究所)/『女人禁制』鈴木正(吉川弘文館)/『縁起をプラスにかつごう』大峡儷三(学陽書房)/『茶柱が立つと縁起がいい』黒塚信一郎(原書房)/『京都のあたりまえ』岩上力(光村推古書院)/『「いき」の作法』馬場啓一/『365日「今日は何の日か? 事典』カルチャーブックス編集部編/『開運の手引き』武光誠/『古風のすすめ』塩月弥栄子/『暮らしに生きる俗信60話』井之口章次(以上、講談社)/『図解 日本人のきまりごと事典』(主婦と生活社)/『吉を招く「言い伝え」縁起と俗信の謎学』『日本の伝統を読み解く暮らしの謎学』岩井宏實/『日本の風習』武光誠/『日本人のしきたり』飯倉晴武(以上、青春出版社)/『子育て こころと知恵』上笙一郎(赤ちゃんとママ社)/『正月はなぜめでたいか』岩井宏實/『日本人は何を食べてきたか』神埼宣武(以上、大月書店)/『日本人の「しきたり」ものしり辞典』谷沢永一監修/『日本人の「言い伝え」ものしり事典』樋口清之(以上、大和出版)/『日本の風俗の謎』樋口清之(大和書房)/『礼式とお作法全書』小笠原清信(池田書店)/『欧羅巴・日本 正統派マナー事典』酒井美意子・司良介(徳間書店)/『0歳から100歳までの雑学年中行事・豆知識300』吉沢久子監修(日東書院)/『うそ? ほんと? 俗信・縁起の雑学読本』岩田英彬/『民俗学がわかる事典』新谷尚紀(以上、日本実業出版社)/『小笠原流礼法入門』小笠原忠統(日本文芸社)/『来し方ゆく末 和風たべかた事典』小野重和(農山漁村文化協会)/『誰も知らなかった〝タブー〟の本』三田英彬監修(文化創作出版)/『なぜ日本人は賽銭を投げるのか』新谷尚紀(文藝春秋)/『仏教の謎を解く』宮元啓一(鈴木出版)/『日本人の生活文化事典』南博ほか編(勁草書房)/広島ホームテレビHP/産経新聞/世界大百科事典/朝日新聞/読売新聞

夢新書のマスコットは“知の象徴”と
されるフクロウです(マーク:秋山 孝)

日本人の美しい
和のふるまい

2007年5月10日　初版発行

著者——藤野 紘

発行者——若森繁男

発行所——株式会社河出書房新社

〒151-0051 東京都渋谷区千駄ヶ谷2-32-2

電話(03)3404-1201(営業)

http://www.kawade.co.jp/

企画・編集——株式会社夢の設計社

〒162-0801 東京都新宿区山吹町261

電話(03)3267-7851(編集)

装幀——印南和磨

印刷・製本——中央精版印刷株式会社

Printed in Japan ISBN978-4-309-50328-8